Das Reiserad

Vor der Reise

Transport, Übernachtung

Die Ausrüstung

Unterwegs

Radreiseziele

Anhang

REISE KNOW-HOW im Internet

Aktuelle Reisetipps und Neuigkeiten
Ergänzungen nach Redaktionsschluss
Büchershop und Sonderangebote

www.reise-know-how.de
info@reise-know-how.de

Wir freuen uns über Anregung und Kritik.

Sven Bremer
Radreisen Basishandbuch

„Besorg dir ein Fahrrad.
Wenn du lebst, wirst du es nicht bereuen."
Mark Twain

Impressum

Wir freuen uns über Kritik, Kommentare und Verbesserungsvorschläge.

Sven Bremer
Radreisen Basishandbuch
erschienen im
REISE KNOW-HOW Verlag Peter Rump GmbH, Bielefeld
Osnabrücker Straße 79, 33649 Bielefeld

Alle Informationen in diesem Buch sind vom Autor mit größter Sorgfalt gesammelt und vom Lektorat des Verlages gewissenhaft bearbeitet und überprüft worden.

Herausgeber: Klaus Werner
© Peter Rump 2005
2., neu bearbeitete Auflage 2009
Alle Rechte vorbehalten.

Gestaltung
Umschlag: G. Pawlak, P. Rump (Layout), K. Werner (Realisierung)
Inhalt: G. Pawlak (Layout), K. Werner (Realisierung)
Fotos: siehe Bildnachweis Seite 159

Da inhaltliche und sachliche Fehler nicht ausgeschlossen werden können, erklärt der Verlag, dass alle Angaben im Sinne der Produkthaftung ohne Garantie erfolgen und dass Verlag wie Autor keinerlei Verantwortung und Haftung für inhaltliche und sachliche Fehler übernehmen.

Druck und Bindung
Himmer AG, Augsburg

ISBN 978-3-8317-1385-1
Printed in Germany

Dieses Buch ist erhältlich in jeder Buchhandlung Deutschlands, Österreichs, der Schweiz, Belgiens und der Niederlande. Bitte informieren Sie Ihren Buchhändler über folgende Bezugsadressen:

Die Nennung von Firmen und ihren Produkten und ihre Reihenfolge sind als Beispiel ohne Wertung gegenüber anderen anzusehen. Qualitäts- und Quantitätsangaben sind rein subjektive Einschätzungen des Autors und dienen keinesfalls der Bewertung von Firmen oder Produkten.

Deutschland
Prolit GmbH, Postfach 9, D-35461 Fernwald (Annerod)
sowie alle Barsortimente
Schweiz
AVA-buch 2000, Postfach 27, CH-8910 Affoltern
Österreich
Mohr Morawa Buchvertrieb GmbH
Sulzengasse 2, A-1230 Wien
Niederlande, Belgien
Willems Adventure
www.willemsadventure.nl

Wer im Buchhandel trotzdem kein Glück hat, bekommt unsere Bücher auch über unseren **Büchershop im Internet: www.reise-know-how.de**

Sven Bremer

Radreisen

Basishandbuch

Inhalt

- 8 Vorwort
- 9 Prolog – Faszination Radreisen

12 Das Reiserad

- 14 Grundsätzliche Überlegungen
- 16 Anforderungen und Ausstattung
- 24 Inspektion des Fahrrads
- 27 Pflege des Fahrrads

32 Vor der Reise

- 34 Routenplanung
- 36 Kartenmaterial
- 41 Training für die Radreise

44 Fahrradtransport und Übernachtung

- 46 Anreise mit der Bahn
- 49 Anreise mit dem Pkw
- 52 Anreise mit dem Flugzeug
- 53 Anreise mit dem Bus
- 54 Über Nacht

60 Die Ausrüstung

- 62 Radreisegepäck
- 66 Bekleidung für die Radreise
- 73 Biker-Zubehör
- 77 Radcomputer
- 81 Campingausrüstung
- 87 Die Reiseapotheke
- 89 Packliste für die kurze „Scheckkarten-Tour"
- 91 Packliste für die lange Radreise mit Zelt

INHALT

94 Unterwegs

- 96 Verpflegung
- 100 Sicher Radreisen
- 103 Fahren in den Bergen
- 107 Fahren in der Gruppe
- 108 Fahren bei Regen
- 109 Pannenhilfe
- 117 Erste Hilfe
- 121 Radreisen mit Kindern

126 Radreiseziele

- 128 Die deutschen Radfernwege
- 132 Ausgewählte Radwanderregionen

140 Anhang

- 142 Lexikon Deutsch – Englisch – Französisch
- 143 Nützliche Internetseiten
- 147 Literaturtipps
- 155 Register
- 159 Bildnachweis
- 160 Der Autor

Vorwort

Mit dem Radfahren ist es wie mit dem Schwimmen oder dem Laufen: Wenn man es einmal gelernt hat, dann hat man es drauf und verlernt es auch nicht mehr. Mit dem Radreisen hingegen verhält es sich ein wenig komplizierter. Ich habe von vielen Menschen gehört, die begeistert waren. Gut so. Aber ich habe auch von anderen gehört: „Nie wieder mache ich den Mist."

Sie hatten unter anderem das falsche Material am Start. Ein Rad, das allenfalls dazu taugte, um zum Bäcker zu fahren. Oder aber sie hatten sich übernommen. Eine Flachetappe über 80 Kilometer schaffen viele. Führt sie jedoch durch die Berge, kann die selbe Entfernung zu Frust und Erschöpfung – und daraus resultierenden Unfällen – führen. Oder aber die Radreise-Novizen waren zur falschen Zeit am falschen Ort, hatten sich zuvor keine großen Gedanken darüber gemacht, welches Wetter dort herrscht. Geschweige denn, dass sie sich entsprechendes Zubehör und Bekleidung besorgt hatten.

Mit einer Portion gesundem Menschenverstand lässt sich schon einiges an Ärger verhindern. Dennoch machen Erfahrung und Know-how eine ganze Menge aus. In diesem Sinne gebe ich hier meine Erfahrungen weiter und fasse außerdem das Wissen anderer Spezialisten zusammen.

Reisen mit dem Fahrrad ist ein komplexes Thema und in diesem kleinen Buch ist nicht alles unterzubringen. Dem einen oder anderen mag die eine oder andere Information zum Thema GPS fehlen, der nächste hätte sich vielleicht mehr technische Details zu den Rädern gewünscht. Doch nirgendwo finden Sie das Thema so komprimiert aufbereitet wie in diesem Buch.

Ich bin weder Zweiradmechaniker noch Ernährungswissenschaftler, also habe ich zum Teil Experten zu Rate gezogen. Über die eine oder andere Empfehlung wird sich dennoch streiten lassen. Fragen Sie mal drei Zweiradmechaniker nach dem besten Laufrad – und Sie bekommen vier verschiedene Meinungen zu hören. Die Technik schreitet zudem so schnell voran, dass heute ein Produkt als das Nonplusultra empfohlen wird und es morgen schon wieder als veraltet gilt.

Für echte Freaks, die schon ein paar Mal die Welt umradelt haben, ist dieses Buch nicht gedacht, sondern in erster Linie für Individual-Reisende, die noch nicht so viele Erfahrungen gesammelt haben. Aber auch gestandene Reiseradler werden den einen oder anderen nützlichen Hinweis oder speziellen Tipp finden. Ich hoffe jedenfalls, dass es möglichst vielen Menschen die Planung ihrer Radreise erleichtert und dafür sorgt, dass sie zu einem herrlichen Erlebnis und zu einem Vergnügen wird.

Sven Bremer

Mein Dank geht an: *Alex, Carlotta, Detlev, Doris, Frank N., Frank S., Hilde, Heiko, Henry, Joachim, Klaus W., Klaus B., Jürgen, Olaf, Rolf, Sigrun, Wolfgang und ganz besonders an Jens und Peter, ohne die es sehr viel schwieriger gewesen wäre, das Buch zu machen. Dank auch allen Herstellern, die mir Fotos zur Verfügung stellten.*

PS: *Wenn ich von Radlern schreibe, meine ich natürlich immer auch die Radlerinnen.*

Prolog – Faszination Radreisen

Dass mich das Radreisen so fasziniert, merken meine Mitfahrer oder auch wildfremde Menschen am Straßenrand spätestens dann, wenn ich zu singen beginne. Ich muss gestehen: ich kann überhaupt nicht singen. Aber ich bekomme so gute Laune, wenn ich mit dem Fahrrad auf Reisen bin, dass es quasi aus mir heraussingt.

Wenn es bergab geht oder ich mich vom Wind treiben lassen kann, dann schmettere ich zum Beispiel den Rockklassiker von Neil Young, „Like a Hurricane". Vielleicht weil man sich in solchen Momenten selbst so stark fühlt wie eine Naturgewalt?

Prolog – Faszination Radreisen

Wenn ich die Berge hochfahre, dann fallen mir meistens rockige Songs ein, die mir den Rhythmus vorgeben. Oben angekommen, singe ich meistens gar nicht mehr, sondern pfeife – aus dem letzten Loch. Entlang den Ufern eines plätschernden Bachs summe ich nur noch leise vor mir her.

Es ist vor allem diese ganz spezielle Reisegeschwindigkeit, die das Radwandern so einzigartig macht. Mittendrin sein und nicht nur dran vorbei fahren. Der Weg ist das Ziel. Mit dem Auto rauscht die Landschaft schemenhaft und unscharf an einem vorüber. Meistens wählt man mit dem Pkw die großen Verbindungsstraßen, um schnell voranzukommen. Ordnet sich ein in die Blechkarawane, die zumeist nur das Streben kennt, möglichst schnell von A nach B zu kommen. Beim Wandern per pedes hingegen erschließt sich mir ein zu kleines Gebiet, so schön es sonst auch sein mag.

Trotz des Booms der vergangenen Jahre gelten Radtouristen immer noch als Exoten. Schon alleine deshalb sind die Menschen vor Ort neugierig. Trotzdem: Immer als erster grüßen – und die „Eingeborenen" werden freundlich zurückgrüßen. Man wird in ausführliche Gespräche verwickelt und erfährt viel über Land und Leute. Und irgendwann entwickelt man auch eine gewisse Routine, auf die stets gleiche Frage zu antworten: „Wo soll es denn heut' noch hingehen?"

Mit dem Fahrrad zu verreisen ist auch ein Naturerlebnis. Sich den Fahrtwind um die Nase wehen zu lassen, in der frischen Luft zu „baden", verbunden mit einem wohligen Schauer, zu spüren, wie sich langsam, aber sicher die Sonne ihren Weg durch die Wolken bricht. Ein Kleidungsstück nach dem anderen wandert in die Packtaschen. Mit dem Rad Urlaub zu machen ist gesund, sofern man keinen übertriebenen Ehrgeiz an den Tag legt. Und ökologisch ist es obendrein.

Prolog – Faszination Radreisen

Radreisen kann man alleine. Abschalten, sich treiben lassen, den Gedanken freien Lauf lassen. Wenn ich alleine fahre, bekomme ich nicht nur gute Laune, sondern auch gute Ideen.

Böse Zungen behaupten, das sei monoton. Blödsinn, erstens gibt es so unglaublich viel zu sehen, und zweitens würde ich es nicht Monotonie, sondern Meditation nennen. Es soll sogar schon vorgekommen sein, dass Langstrecken-Radwanderer über dem Lenker eingeschlafen sind, so entspannt waren sie …

Die meisten werden jedoch gemeinsam mit einer Gruppe aufbrechen. Ich rede selten so viel Unsinn, wie auf der Radtour mit meinen Freunden. Ich habe aber auch selten so gute und intensive Gespräche. Das Erlebnis Radreisen schweißt zusammen. Auch, weil es auf einer Reise mit dem Fahrrad – im wahrsten Sinne des Wortes – Höhen und Tiefen gibt. Aber im Wissen, dass die anderen oben warten, erscheint der Berg schon gar nicht mehr so unbezwingbar.

Radreisen bedeutet Spaß, aber auch Herausforderung. Selten ist es eine Überforderung; vielleicht, wenn sich das perfekt ausgestattete Reiserad als „Montagsmodell" entpuppt oder es nicht nur junge, sondern ausgewachsene Hunde regnet – und das tagelang.

Der Radurlaub kann bei einem Reiseveranstalter gebucht werden. Dann wird einem so einiges abgenommen. Das ist bequem, na klar. Aber will man nicht gerade diese Bequemlichkeit ablegen und diesen Hauch von Freiheit und Abenteuer spüren? Individuelle Radreisen erfordern manchmal gar keine lange Anreise. Denn auch um die Ecke gibt es noch Geheimnisse mit dem Rad zu erforschen. Und wenn Sie sich unterwegs gerade wundern wollten, warum Ihnen jemand laut singend entgegen kommt – jetzt wissen Sie ja Bescheid.

DAS REISERAD

Das Reiserad

Grundsätzliche Überlegungen

Ohne Frage, man kann mit fast jedem Rad auf Reisen gehen. Zwei meiner Freunde sind vor rund fünfundzwanzig Jahren mit Holland-Fahrrädern ohne Gangschaltung aufgebrochen. Auf dem Gepäckträger einen Seesack, in den auch ein Partyzelt gepasst hätte. Ein Nachbar fragte, wohin die Reise gehen solle. Die beiden antworteten wahrheitsgemäß: „Nach Indien." Der Nachbar bekam einen Lachkrampf – und ein halbes Jahr später eine Postkarte aus Kalkutta.

Es geht auch so, aber ich würde es heute niemandem mehr empfehlen. Die beiden haben inzwischen auf **speziell entwickelte Reiseräder** umgesattelt. Diese Modelle sind robust und zeichnen sich durch ihre Laufruhe und ihren guten Geradeauslauf aus. Dafür sorgen unter anderem der lange Radstand und eine spezielle Rahmengeometrie. Außerdem sind Reiseräder in der Regel mit einem soliden Gepäckträger hinten sowie mit einem **Lowrider,** der Halterung für die vorderen Satteltaschen, ausgestattet. Ein höchst stabiler **Ständer** sollte montiert sein. Bei der Auswahl der Teile für ein gutes Reiserad muss der Spagat zwischen stabil, aber leicht und zwischen qualitativ hochwertig, aber nicht zu exotisch bewältigt werden. Wenn unterwegs eine Panne eintritt, nützt es nichts, wenn nur der Spezialist in der Heimat den Schaden reparieren kann.

▲ *Lowrider: die Befestigung für die vorderen Packtaschen*

Werden Reiseräder mit **Vollfederung** ausgestattet, muss der Rahmen besonders steif gebaut sein. Der Nachteil bleibt selbst bei den besten

Grundsätzliche Überlegungen

◀ Mit kleinem Gepäck auf kleinen Wegen

Modellen: Reichlich Energie geht in die Federung statt in den Vortrieb.

Auch mit einem **Mountainbike** oder dem **Rennrad** (mit kleinem Gepäck) lässt sich vortrefflich auf Reisen gehen. Überlegen Sie aber vorher, wohin die Tour führen soll, welche Straßen und Wege Sie fahren wollen. Das stabile Reiserad hat auf holprigen Forstwegen Nachteile gegenüber dem gefederten Mountainbike, auf der Straße mit viel Gepäck nur Vorteile. Rennradler erleiden auf unbefestigten Wegen ein Schütteltrauma, sind dafür schnell unterwegs. Geklärt werden sollte, ob das Rad nur für die Reise oder auch im Alltag benutzt werden soll. Vielleicht bietet sich dann ein **Trekkingrad** an? Weder Fisch noch Fleisch, sagen die einen – ideale Mischung, behaupten die anderen.

Im Falle eines **Neukaufs** ist der Besuch eines Fachhändlers geradezu Pflicht. Zum einen wird der Kunde kompetent beraten, zum anderen werden dort Fahrräder und Komponenten verkauft, die nicht nur bis zur nächsten Ecke halten. Ab ca. 850 Euro gibt es akzeptable Trekkingräder. Für ein komplettes, wirklich gutes Reiserad muss man rund 1300 bis 2000 Euro anlegen.

Anforderungen und Ausstattung

Rahmen

Ist die Entscheidung getroffen, welche Art von Rad es sein soll, gilt es, die richtige Größe herauszufinden. Angeboten werden Reise- und Trekkingräder in den **Rahmengrößen** 47 bis 70 Zentimeter, Rennräder von 50 bis 65 Zentimeter. Bei Mountainbikes reicht die Skala von 14 bis 23 Zoll.

Rahmenhöhe errechnen
Für Rahmen eines Reise- oder Rennrades gilt die Formel: Schrittlänge mal 0,66 cm = Rahmenhöhe. MTB-Rahmen sind 8–10 cm kleiner.

Die Rahmengröße nur von der Körpergröße abzuleiten, funktioniert nicht. Die Menschen sind einfach zu unterschiedlich gebaut. Am ehesten entscheidet die Schrittlänge, doch auch auf das Verhältnis zwischen Rumpf, Bein- und Armlänge kommt es an.

Italienische Hersteller messen anders (Mitte Tretlager bis Mitte Oberrohr) als viele deutsche Produzenten (Mitte Tretlager bis Oberkante Sitzrohr). Um Missverständnissen vorzubeugen, testen Sie das Rad im Geschäft. Dort ermittelt man die Rahmenhöhe am besten, indem man sich – Oberrohr zwischen den Beinen – gerade und genau vor den Sattel stellt. Zwischen Oberrohr und Schritt sollten zwei bis vier Fingerbreit Luft sein.

Der **Abstand zwischen Sattel und Lenker** beziehungsweise Vorbau richtet sich nach der Sitzposition. Je sportlicher Sie fahren wollen, desto größer der Abstand, je aufrechter, desto kürzer. Viele Hersteller bieten ihre Modelle nur noch in wenigen Größen an, die richtige Sitzposition soll dann über die Montage eines entsprechenden Vorbaus und einer verlängerten Sattelstütze erfolgen. Als Faustformel gilt: Ellbogen an die Sattelnase, die ausgestreckte Hand muss bis zum

▲ *Solides Tourenrad „Silbermöwe" von Utopia*

Anforderungen und Ausstattung

Lenkervorbau reichen. Wichtiger ist jedoch, dass Sie das Rad in Ruhe Probe fahren.

Sattel

Den Sattel sollte man nicht erst kurz vor der Reise kaufen, denn Probleme kristallisieren sich oft erst nach einer Weile heraus. Manche schwören auf Gelsättel, andere wiederum auf Modelle mit einer Mulde oder einer Aussparung. Auf jeden Fall bedeutet weich nicht automatisch bequem. Auch die **Gelpolster** können auf langen Reisen Wundstellen verursachen. Die Wahl des Sattels hängt vielmehr vom Fahrstil ab. Für sportlich ambitionierte Fahrer in gebeugter Haltung empfiehlt sich am ehesten ein schmaler und harter **Rennradsattel**, zum Beispiel der Kultsattel „Flite" von Selle.

▲ *Innenansicht des Fluid Systems von Selle*

Gemütliche Freizeitradler hingegen sitzen aufrecht, der Druck entsteht eher im hinteren Bereich des Sattels. Für sie taugen die harten „Minimalisten" nicht, eher die breitere Komfort-Variante. Bei den ergonomisch geformten Produkten der Firma sqlab beispielsweise wird der Druck im Dammbereich durch eine spezielle Geometrie des Sattels minimiert. Die in Zusammenarbeit mit Urologen entwickelten Modelle besitzen eine leichte Stufenform (Niveauplus) mit einer erhöhten Sitzfläche, die Sattelnase ist hingegen ein wenig „tiefer gelegt". Bislang hieß es stets, Frauen bräuchten aufgrund der unterschiedlichen Anatomie zu Männern spezielle **Lady-Sättel**. Neueste Erkenntnisse widerlegen das. Trotz aller wissenschaftlicher Ergebnisse gilt jedoch: Probieren geht über Studieren. Ansonsten sind Sättel mit Titanstreben zu empfehlen. Das Material ist nicht nur leichter, sondern bietet vor allem eine bessere Dämpfung.

▲ *Selle airactive: das passende Modell für gemütliches Reiseradeln*

Ledersättel, beispielsweise die Klassiker von Brooks, passen sich dem Fahrer an, sind aber auch pflegeintensiver, bei Nässe geradezu lästig und sehr viel teurer. **Gefederte Sattelstützen** erhöhen fraglos den Komfort. Sie sind in der Regel auf ein Gewicht von 75 kg eingestellt, die Federspannung kann jedoch individuell variiert werden.

Komponenten

Unter Komponenten versteht man die Schaltung, den Antrieb und die Bremsen. Es macht Sinn, Komponenten einer Gruppe von einem Hersteller zu fahren. Dann sind Umwerfer, Schalter und Schaltwerk aufeinander abgestimmt. Marktführer bei den **Kettenschaltungen** ist Shimano. Die Japaner bieten Schaltungen in verschiedenen Qualitätsabstufungen. Die Schaltgruppe Alivio gilt als die Mindestvoraussetzung für das Reiserad. Besser geeignet sind die Deore, die Deore LX oder gar die XT.

Entscheidet man sich für eine Kettenschaltung, dann stehen zwischen 18 und 30 Gänge zur Verfügung. Man braucht sie nicht alle, aber je mehr Gänge, desto feiner kann auch die Abstimmung erfolgen und damit die optimale Anpassung ans Gelände.

Wichtig ist grundsätzlich, dass man die richtige **Übersetzung** wählt. Wer nicht als durchtrainierte Bergziege auf Tour geht, sollte in die Nähe einer Eins-zu-Eins-Übersetzung kommen. Dabei sind an der kleinen Kurbel vorne genau so viele Zähne, wie auf dem größten hinteren Zahnkranz. Bei drei

---

Sitzposition ermitteln

Die richtige Sitzposition wird ermittelt, indem man sich aufs Rad setzt und die Ferse plan auf das unten befindliche Pedal stellt (nicht mit hochhackigen Schuhen!). Das Bein sollte dabei absolut gerade, aber nicht krampfhaft durchgedrückt sein. Beim Fahren dürfen die Knie hingegen nie ganz durchgedrückt sein.

Neben der richtigen Höhe ist auch die Neigung des Sattels von Bedeutung. Da können Millimeter eine Rolle spielen. Eigentlich gilt: Wasserwaage drauf und auf die Waagerechte ausloten. Doch für Männer ist es manchmal ratsam, die Sattelnase etwas niedriger einzustellen, Frauen haben die Tendenz, sie minimal anzuheben. In Längsrichtung lässt sich der Sattel ebenfalls einige Zentimeter verschieben.

Anforderungen und Ausstattung

Kettenblättern vorn kann man oft sogar eine Untersetzung schalten.

In der Regel wird bei der Kettenschaltung mit der großen Taste auf die größeren Zahnräder geschaltet, mit dem kleineren Hebel auf die kleinen. Bei den neuen XT-Komponenten von Shimano wird die Schaltung auch über die Bremshebel bedient.

Drehgriffschalter sind komfortabler, über eine Anzeige erfährt der Radler, in welchem Gang er sich gerade befindet. Die Grip-Shift-Modelle sind jedoch empfindlich und wartungsintensiv. Grundsätzlich gilt: nie so schalten, dass die Kette diagonal aufliegt. Das tut weder Kette noch Ritzeln gut.

Mit drei Gängen am Rad würde ich nicht unbedingt losfahren. Wer jedoch überwiegend im Flachland fahren will, dürfte mit einer Siebenfach-Nabenschaltung gut zurecht kommen.

Bremsen

Eine Bremse sollte Wirkung zeigen, aber auch fein zu dosieren sein. Denn sonst geht's im Freiflug über den Lenker. Die Beläge müssen mit der Beschaffenheit der Felge abgestimmt werden. Die gängigsten Bremsen sind die **V-Brake-Modelle,** eine Weiterentwicklung der guten alten Seilzugbremse. Sie sind relativ preiswert, aber bei Regen in der Bremskraft deutlich reduziert.

Die **hydraulischen Felgenbremsen** überzeugen durch eine

> **Wunderwerk der Technik**
> *Die Alternative zur Kettenschaltung ist die Rohloff-Speedhub-Nabenschaltung mit 14 Gängen, die problemlos im Stand geschaltet werden kann. Ein kleines Wunderwerk der Technik, das eine ähnlich enge Abstufung wie die Kettenschaltung bietet und aufgrund der perfekten Lager und durch minimalen Reibungswiderstand in der Nabe glänzt. Doch Qualität hat ihren Preis: Sie kostet alleine um die 900 Euro.*

▲ *Die Rohloff-Speedhub*

Anforderungen und Ausstattung

▲ Gute Wirkung, aber auch teurer als eine herkömmliche Felgenbremse: die hydraulische Variante von Magura

etwas bessere Bremswirkung und weniger Verschleiß der Bremsbacken. Nachteil: Sie sind teurer und wenn mal etwas kaputt ist, braucht man Spezialwerkzeug. Vorsicht bei Knicken in der Leitung. Wenn sie undicht ist, bremst gar nichts mehr.

Scheibenbremsen sorgen auch bei Regenwetter für kurze Bremswege. Sie sind jedoch sehr teuer und schwerer. Zudem müssen die Laufräder auf die Scheibenbremsen abgestimmt sein, da die Speichen viel mehr auszuhalten haben.

Laufräder

Laufräder sind eine Wissenschaft für sich. Erst durch das perfekte Zusammenspiel von Felgen, Speichen und Naben wird das Fahren zu einer runden Sache. Nach den ersten 500 km sollten Laufräder vom Profi neu zentriert werden. Noch ein Grund, das Rad nicht erst kurz vor der Reise zu kaufen. Die Laufräder für Reiseräder müssen härtesten Belastungen standhalten. Zumeist sind sie mit einer Kombination von 36/36 Speichen ausgestattet. Aufgrund der hohen Elastizität empfehlen sich die in der Mitte dünneren DD-Speichen. Hohe Zuladungen sind

▶ Laufräder müssen hohen Belastungen standhalten. Nicht immer geht's gut auf der Reise

Anforderungen und Ausstattung

dann kein Problem, bestmögliche Stabilität und Fahrkomfort sind gewährleistet.

Bereifung

Für die Radreise taugen am ehesten faltbare **Drahtreifen,** deren „Draht" aus Kevlarfasern gefertigt ist. Fährt man nur auf der Straße, kann man sich **stark profilierte Reifen** schenken. Die haben einen höheren Rollwiderstand und haften auf einer sauberen Straße sogar schlechter als profillose Slicks.

Geht es auch über unbefestigte Wege, müssen die Reifen profiliert sein. Wichtig ist die Anordnung der Stollen, damit sie sich bei schlechtem Wetter nicht sofort mit Schlamm zusetzen. Ein Kompromiss sind **Seitenstollenreifen,** bei denen jedoch das Kurvenverhalten gewöhnungsbedürftig ist.

Seit einigen Jahren gibt es die „unplattbaren" Reifen, bei denen eine Kautschukoder eine Kevlarverstärkung dafür sorgt, dass so gut wie keine Glasscherbe den Reifen zerstört. Empfehlenswert sind der Schwalbe Supreme oder der Conti TopContact. Letzterer geht zwar richtig ins Geld, ist aber in punkto Pannensicherheit und Laufeigenschaften nicht zu toppen. Eines sollte jedoch klar sein: Wer mit einem schlapp aufgepumpten Reifen durch die Gegend fährt, macht es sich nicht nur schwerer, sondern muss auch eher mit einem Plattfuß rechnen. Auf Trekking- und Reiseräder mit

Kleine Ventilkunde

*Das allseits bekannte „Blitzventil" heißt eigentlich **Dunlopventil.** Dieser Typ ist Standard. Hat man mal keine Pumpe dabei – der nächstbeste Fahrradfahrer kann einem wahrscheinlich aushelfen. Das **Sclaverandventil**, im Volksmund „französisches Ventil" genannt, wurde ursprünglich nur bei Rennrädern verwendet. Bei diesem Modell muss ein Rändelrad hochgeschraubt werden, erst dann ist das Aufpumpen möglich. Einmal aufs Ventil tippen – wenn die Luft entweicht, kann gepumpt werden. Der Vorteil: Deutlich höherer Luftdruck ist möglich. Das Auto- beziehungsweise **Schraderventil** verträgt ebenfalls reichlich Druck. Räder mit dieser Ventilart können an jeder Tankstelle aufgepumpt werden, es gibt aber auch Adapter für die Hand- oder die Standpumpe.*

Anforderungen und Ausstattung

einem Dunlopventil pumpt man zwischen 3 und 4 Bar. Fährt man mit dem Mountainbike hauptsächlich auf Asphalt, können 4 bis 5 Bar auf die Reifen (im Gelände 1–2 Bar weniger). Rennradreifen vertragen einen **Reifendruck** von 6 bis 8 Bar.

Lenker und Vorbau

Ein verstellbarer Vorbau sollte es schon sein, denn so kann auch im Nachhinein noch an der optimalen Sitzposition gefeilt werden. Die Lenker sind in der Regel aus Aluminium und sollten mehrere Griffmöglichkeiten bieten. Das wirkt dem Einschlafen der Hände entgegen. Rennradlenker haben das sowieso, an den MTBs gibt es am Ende des geraden Lenkers die verschieden geformten **Bar-Ends.** Für Reiseräder werden immer häufiger **Multi-Positions-Lenker** angeboten. Auch ein zusätzlich montierter **Triathlon-Lenker** kann bei langen Etappen im windigen Flachland Sinn machen.

> **Vorsicht Bruchgefahr!**
> *Nach einem schweren Sturz sollte man den Lenker austauschen lassen, auch wenn kein Schaden zu sehen ist. Im Alu könnten feine Haarrisse entstanden sein, die später zum Bruch führen können. Und das ist alles andere als spaßig, wie ich selbst schon einmal erfahren musste.*

Lichtanlage

In punkto Beleuchtung hat sich in den vergangenen Jahren eine Menge getan. Im Vergleich zu den eher funzeligen Halogen-Leuchten machen die heutigen **LED-Lichtanlagen** geradezu wörtlich einen Unterschied wie Tag und Nacht aus. Das Lichtfeld der LEDs ist sehr viel größer als bei den Halogen-Modellen und es wird zudem gleichmäßig ausgeleuchtet. Man wird inzwischen nicht mehr nur von anderen gesehen, sondern sieht selbst gut im Dunkeln.

Die aktuellsten IQ-Modelle erhellen die Umgebung auch bei niedrigen Geschwindigkeiten mit

Anforderungen und Ausstattung

> **Abenteuer Nachtfahrt**
> *Oft überrascht den Reiseradler die Dunkelheit in Notsituationen. Weil er beispielsweise ein gebuchtes Hotel oder einen Zug spätabends noch erreichen muss. Es geht aber auch anders: Am besten im Hochsommer abends losfahren. Die Luft ist klar, man hört merkwürdige Geräusche und sieht keine Menschenseele – dafür nachtaktive Tiere. Auf jeden Fall ein kleines Abenteuer.*

einer Lichtleistung von 40 Lux. Empfehlenswerte Dynamo betriebene Modelle sind zum Beispiel die rund 90 Euro teure Lumotec IQ Cyo Senso Plus von Busch & Müller oder auch das Modell Edelux von SON, das allerdings mit satten 139 Euro zu Buche schlägt.

▲ *Und es ward Licht: Die LED-Frontleuchte IXON IQ von Busch & Müller*

Angetrieben werden die Lichtanlagen von einem Dynamo oder aber über einen Akku. Der **Seitenläufer-Dynamo** ist preiswert, aber auch anfällig. Zudem muss reichlich Leistung erzeugt werden, ehe dem Radler ein Licht aufgeht. Und die Reibung steigert nicht gerade den Fahrkomfort.

Nabendynamos sind zuverlässiger, sie sind weniger anfällig gegen Witterungseinflüsse. Bei nicht eingeschaltetem Licht verbrauchen sie die verschwindend geringe Menge von ungefähr zwei Watt. Für ca. 50 Euro sind gute Modelle zu bekommen. Allerdings müssen die Kosten für die Montage eines speziellen Vorderrades noch hinzugerechnet werden.

Dies entfällt bei den **Akku betriebenen Leuchten.** Sie können zudem problemlos an verschiedenen Rädern montiert werden. Eindeutig ein Vorteil, wenn man nicht – so wie ich – ständig vergisst, sie auszuschalten. Günstige, aber dafür auch nicht sonderlich leistungsstarke Scheinwerfer werden ab 20 Euro angeboten. Für die ausgezeichnete Ixon IQ Speed von Busch & Müller hingegen muss man stolze 180 Euro berappen.

▶ *Ein Bremsen-Check gehört selbstverständlich auch zur Inspektion*

Inspektion des Fahrrads

Vor der Reise ist eine Inspektion angesagt. Entweder das Bike wandert rechtzeitig zum Fahrradladen oder aber Sie machen sich selbst ans Werk.

- Am besten, man schaut sich zunächst einmal die **Reifen** an. Haben sie noch genügend Profil, sind Macken zu erkennen, welchen Eindruck machen die Ventile? Demontieren Sie die Reifen und schauen Sie nach, ob das Felgenband noch in Ordnung ist.

Zur Inspektion früher als im Frühjahr

Im Frühjahr gibt jeder sein Rad zur Inspektion. Schlauer ist es, das Thema schon im Januar oder Februar anzugehen. Der Laden freut sich über Arbeit und Sie bekommen das Rad zügig zurück.

- Dann kontrolliert man den Rundlauf der **Felgen.** Eiert das Rad mit mehr als zwei Millimetern seitlichem Spiel, ist Nachzentrieren angesagt. Die Felgenflanken sollten entweder mit Reinigungsbenzin oder mit Spiritus gesäubert werden. Das wirkt sich positiv auf die Bremswirkung aus und verringert den Verschleiß der Bremsbacken.
- Die **Schalt- und Bremszüge** sollten gut gefettet werden.

INSPEKTION DES FAHRRADS

- Bei den **Bremsen** kontrolliert man die Beschaffenheit der Backen, den Abstand zur Felge (1,5 bis 2 mm) sowie die parallele Position des Bremsschuhs zur Felge. Wie ist die Spannung der Züge? Die Bremshebel müssen eine „Wegreserve" haben und sich nicht bis zum Lenker ziehen lassen. Sowohl die Schaltungsgelenke als auch Bremsschenkel und Bremshebel mit ↗WD-40 oder Caramba einsprühen.
- Gegebenenfalls **Schaltung** nachstellen (siehe „Reparaturen unterwegs").
- Die **Kette** muss mit einem öligen Lappen regelmäßig gesäubert werden. Bitte nicht die Kette in Benzin baden. Dadurch wird sie komplett entfettet, was nicht im Sinne des Erfinders ist. Je nach Qualität und Beanspruchung hält eine Kette zwischen 3000 und 5000 Kilometer, bei Nabenschaltungen deutlich länger. Außerdem muss die Kettenlänge bzw. die Spannung kontrolliert werden. Anschließend **einige** Tropfen Kettenöl auf die Kette geben. Kein Nähmaschinenöl oder dergleichen, denn das wäscht der erste Regen wieder ab. Biologisch abbaubare Produkte bieten beste Qualität – und die Umwelt sagt: Dankeschön!
- Die **Sattelstütze** sollte man einmal aus dem Rohr herausmontieren, gut einfetten und wieder einbauen.
- Sämtliche **Schrauben und Muttern** am Rad kontrollieren und gegebenenfalls nachziehen.
- Prüfen Sie das **Tretlagerspiel**. Wenn es sich deutlich in Richtung Rahmen hin- und herwackeln lässt, muss es justiert, Kompaktlager müssen erneuert werden. In der Regel ist das eine Arbeit

WD-40, Caramba
Bei beiden Produkten handelt es sich um teflon- und silikonfreie Pflegemittel. Laut Hersteller für „tausend Anwendungen in Haushalt und Betrieb". Am Fahrrad beugen sowohl Caramba als auch WD-40 Korrosion vor. Die Produkte lösen aber auch hervorragend festgefressene Muttern und Schrauben, beseitigen Quietschen, wirken als Schmiermittel und taugen zudem noch zur Intensivreinigung.

 Scheibenbremsen-Check
Scheibenbremsen sollten zur Kontrolle in den Fachhandel gebracht werden, denn dafür benötigt man Spezialwerkzeug.

INSPEKTION DES FAHRRADS

für den Fachmann; wenn Sie über Abzieher und Know-how verfügen, dann mal los.
- **Spiel der Nabe** in Vorder- und Hinterrad sowie das der Pedale testen.
- **Klickpedale** in punkto Auslösemechanismus kontrollieren, ein wenig WD-40 auf die Mechanik.
- Die Standrohre der **Federgabel,** falls vorhanden, freuen sich über Gleitmittel.
- Prüfen Sie, ob die **Beleuchtung** funktioniert. Wenn die Kontakte korrodiert sind: frei kratzen und einen Spritzer Caramba oder WD-40 draufgeben. Oft liegt es nur daran, dass das Kontaktblech keinen Kontakt zur Birne hat.
- Vor der Reise eine **Probefahrt** machen und dabei einmal über Kopfsteinpflaster fahren. Dann weiß man, ob noch irgendwas scheppert.

Selbst ist der Radler
Wenn Sie Zeit haben und es sich zutrauen, führen Sie die Inspektion selbst durch. Man lernt sein Rad besser kennen, übt gegebenenfalls schon mal für die Reise. Ansonsten - ab damit zum Radhändler. Der Preis von 20 bis 40 Euro für die Inspektion (ohne Ersatzteile und Zusatzstunden) - sollte im Reisebudget drin sein.

Nach fest kommt „ab"
So lautet einer der Standardsprüche der Zweiradmechaniker. Für diejenigen, die es ganz genau nehmen wollen, hier ein paar Anzugsmomente (von Shimano-Komponenten), die mit einem Drehmomentschlüssel kontrolliert werden:
Cartrigde Innenlager = 50 bis 60 Nm (Newtonmeter)
Kurbelschrauben aus Stahl = 35 bis 40 Nm
Pedalachse = 35 bis 40 Nm
Zugklemmung Schaltwerk = 5 bis 7 Nm
Zugklemmung Umwerfer = 5 bis 7 Nm
Zugklemmung Bremse = 7 bis 9 Nm
Lenker/Vorbau = 8 bis 10 Nm
Sattelklemme = 10 bis 12 Nm
Cleats der Radschuhe = 5 bis 6 Nm

Pflege des Fahrrads

Ein blitzblank geputztes Rad ist etwas Schönes. Die Radprofis werden richtig sauer, wenn ihre Maschine nicht glänzt. Auch das Reiserad sollte regelmäßig geputzt werden, egal ob es nach ein paar Kilometern bei Schmuddelwetter wieder aussieht „wie Sau". Nicht nur aus kosmetischen Gründen, sondern weil es die Lebensdauer erhöht.

▲ *Ein wenig Wasser könnte wohl nicht schaden*

Die Gretchenfrage dabei lautet: Dampfstrahler oder nicht? Einfach ist es mit so einem Gerät, aber nicht besser. Durch den hohen Druck kann Wasser an den Dichtungen vorbei in die Lager gelangen, was denen langsam, aber sicher den Garaus macht.

Schonender ist die Wäsche mit einem weichen Schwamm und einem sanften Spülmittel. Als Putzhilfen haben sich Pinsel sowie Flaschenbürsten bewährt. Besondere Aufmerksamkeit sollte man der Kette und den kleinen Schaltungsrädchen widmen, denn die verdrecken gerne mal.

▲ *Mit dem richtigen Pflegemittel werden die Züge für die Überwinterung fit gemacht*

PFLEGE DES FAHRRADS

Wird das Rad nur für die Reise benutzt, sollte es anschließend geputzt und für die „Einkellerung" vorbereitet werden: Züge fetten, Kette säubern und ölen. Das Bike einmal komplett mit Sprühwachs behandeln. Ein Geheimtipp für porentiefe Reinigung ist Teppichschaum. Der holt den Schmutz auch aus eventuellen Kratzern im Rahmen.

Außerirdisch gut – der „Alien"
Als Mercedes unter den Mini-Tools gilt der „Alien" von Topeak, aber auch Sigma Sport, die Crank Brothers oder Minoura bieten gutes Werkzeug an.

▲ *Ziemlich geniale Erfindung: Pocket- bzw. Multitools*

Der mobile Werkzeugkasten

Beim Werkzeug kann einiges an Gewicht zusammenkommen. Bei einer Panne aber kein passendes dabei zu haben, wiegt meistens schwerer. Der Inhalt des mobilen Werkzeugkastens richtet sich nach den Schrauber-Qualitäten des Fahrers sowie nach Fahrtdauer und Belastungen auf der Tour. Eine gewisse Grundausstattung sollte jeder dabei haben.

- Dazu gehören die sogenannten **Multi- oder** auch **Pockettools.** Es gibt sie in verschiedenen Ausführungen, aber ein 2-, ein 4-, ein 5-, sowie ein 6- und ein 8-Millimeter Inbusschlüssel sind Pflicht. Ebenfalls ein 8er und ein 10er Ringschlüssel. Der Kreuzschlitz- und der Schlitzschraubendreher sind fast immer inklusive, oft auch ein Kettennieter. 20 Euro sollten investiert werden, darunter taugen die Dinger allenfalls zum Brote schmieren, aber leider nicht zum Fahrrad reparieren.
- Einen **15-mm-Ring- oder Maulschlüssel** braucht nur derjenige, der mit Vollachse unterwegs ist (d. h. dort, wo die Laufräder an den Ausfallenden mit 15er Muttern befestigt sind).

▲ *Reifenheber aus Kunststoff*

Pflege des Fahrrads

◀ Im Falle eines Falles klebt Gaffa beinahe alles

Tape
Die Geheimwaffe für unterwegs ist gut klebendes Strukturklebeband. Der Klassiker ist das Gaffa-Tape, es gibt aber auch Produkte von anderen Herstellern. Hilft bei Reparaturen am Rad, bei Rissen im Zelt, kaputten Gepäcktaschen, zerrissenen Landkarten und allzu mitteilsamen Mitfahrern – „Gaffa" ist für und gegen alles gut. Fast genau so wichtig ist es, wenigstens ein paar Kabelbinder dabei zu haben.

- Für Reparaturen oder Korrekturen am Sattel benötigt man einen **13-mm-Schlüssel,** wenn der Sattel noch auf einer Sattelkerze montiert ist.
- Pflicht sind zwei **Reifenheber** aus Kunststoff. Bitte nicht die „Asbach-uralten" aus Metall aus der Kiste kramen. Und erst recht nicht mit einem Schraubendreher herumfuhrwerken. Damit zerstört man todsicher den Schlauch (siehe auch Kapitel „Reparaturen unterwegs").
- An **Ersatzschlauch, -ventile und Flickzeug** denken. Der

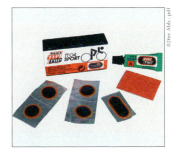

▼ Der Name ist Programm – das Flickzeug von Tip Top

PFLEGE DES FAHRRADS

Nicht nur sauber, sondern rein

Nach Reparaturen weit ab von Waschbecken und Seife: Einfach etwas Wasser aus der Trinkflasche mit Sand oder Erde mischen, die Hände damit scheuern und anschließend mit Wasser abspülen. Tip Top bietet ein Produkt an, das wirklich top ist: eine Paste, von der man sich eine erbsengroße Menge auf die Hände reibt. Eine halbe Minute trocknen lassen – und die Schmiere lässt sich in einer feinen Schicht abziehen.

Name Tip Top ist Programm. Alles andere ist um Längen schlechter. Wenn Sie gebrauchtes Flickzeug mitnehmen, vorher checken, ob die Tube mit der Vulkanisierflüssigkeit nicht ausgetrocknet und damit nutzlos ist.

- In die Grundausstattung gehören auch **Ersatzbirnen** und **Batterien** für die Lichtanlage.
- Empfehlenswert ist es, einen **Baumwoll-Lappen** mitzunehmen. Zum einen, um sich die Hände damit abzuwischen, zum anderen, um das Werkzeug darin so zu verpacken, dass nichts klappert.
- Wenn die Reise länger dauert oder für den Fall, dass es auch mal feuchter wird, sollte man **Kettenöl** und eine kleine Dose **WD-40** einpacken.

▼ *Hier könnte das Werkzeug bald zum Einsatz kommen*

Pflege des Fahrrads

Für längere Touren oder wenn die Dichte der Fahrradgeschäfte als eher gering einzustufen ist, sollte die mobile „Werkzeugkiste" erweitert werden:
- Ein langer **Bremszug,** ein **Schaltzug** und ein **Seitenschneider,** um den langen zu kürzen, wenn der Zug für vorne reißt.
- Auch kann es nicht schaden, einen **faltbaren Ersatzreifen** und ein paar **Ersatzspeichen** dabei zu haben. Das macht nur Sinn, wenn man auch einen Speichenschlüssel im Gepäck hat.
- Bei Reisen, die überwiegend durch die Berge führen, sollte im ureigensten Interesse an ein Ersatzpaket **Bremsbacken** gedacht werden. Als Verschleiß-Richtwert gelten 2000 bis 3000 Kilometer für einen Satz.

▲ *Wer auf Nummer sicher gehen will, nimmt einen faltbaren Ersatzreifen mit*

Vor der Reise

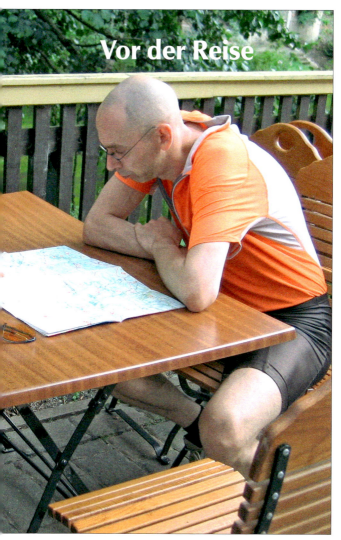
Vor der Reise

ROUTENPLANUNG

▲ Schöne Sache, aber Vorsicht – der Sand tut den Lagern gar nicht gut

Routenplanung

Ist die Entscheidung für einen individuellen Fahrradurlaub und das Reiseziel grundsätzlich gefallen, geht es an die Planung im Detail. Man sollte sich vorab orientieren, wie weit man insgesamt fahren will und wie die Tagesetappen aussehen sollen. Wenn es keine Erfahrungswerte gibt: Einfach zu Hause aufs Rad setzen, irgendwelches Zeug in die Packtaschen stopfen – und auf zur **Probetour.**

Sightseeing ohne Rad

Wohin mit dem Gepäck beim Stadtbummel? Das Rad kann man abschließen, aber den Rest? Keine Hemmungen, fragen Sie vor Ort, ob Sie die Räder mitsamt Taschen für eine Weile unterstellen können. Kneipen oder Cafés sind eine Idee. Autowerkstätten haben sich eher bewährt, weil dort mehr Platz ist.

Während 80 Kilometer im Flachen auch für untrainierte Radler zu schaffen sind, ist die selbe **Entfernung** im Mittelgebirge schon ein ganz schöner Hammer. Wer nur mit Rucksack und dem Rennrad unterwegs ist, kommt natürlich zügiger voran als jemand, der sich mit einem Trekking-Bike und schwerem Gepäck aufmacht. Die Länge der Reise und der Tagesetap-

ROUTENPLANUNG

pen hängt von vielen Faktoren ab: Wie viel Sightseeing soll es sein, will ich Fahrrad- und Badeurlaub kombinieren oder will ich richtig Kilometer fressen?

Besorgen Sie sich brauchbare **Landkarten** (siehe Kapitel „Kartenmaterial") sowie einen **Reiseführer.** Dort findet man Infos über Land und Leute und kann sich seine individuellen Routen gestalten.

Ich kann nur empfehlen, sich nicht hundertprozentig auf das **abendliche Ziel** festzulegen, sondern die Routen von Tag zu Tag neu zu gestalten. Gemäß dem Motto: „Der Weg ist das Ziel." Wenn man sich nicht wohl fühlt, würde die Etappe zur Qual werden, weil man gezwungen ist, am vorgebuchten Ziel anzukommen. Oder es ist so windig, dass man in die zunächst geplante Richtung wie gegen eine Wand fährt. Fahren Sie einen Schlenker und lassen sich vom Wind treiben. Vielleicht hat er am nächsten Tag schon gedreht oder es ist Flaute.

Nur wenn die **Quartiere** zur Reisezeit wirklich rar sind, würde ich vorbuchen. Das gilt natürlich nicht, wenn man mit einer **großen Gruppe** unterwegs ist. Dann sollte man die Etappen tendenziell kürzer gestalten. Besser, einige aus der Gruppe haben noch überschüssige Energie, als wenn andere jeden Abend total am Ende sind.

Keine Panik bei **Zeitproblemen.** Wenn sich abzeichnet, dass man die Tour mit dem Rad in der gegebenen Zeit nicht mehr schafft, bieten die Regionalzüge der Eisenbahn fast immer eine Alternative. Die bringen Rad und Radfahrer zu dem Ort, wo das Auto steht oder der Flieger startet. Und zur Not bestellt man ein Großraumtaxi.

Bike und Boat
Wenn Sie in der Nähe von Seen oder Flüssen eine Pause nötig haben, aber dennoch voran kommen wollen, nehmen Sie die Fähre oder den Flussdampfer. Eine nette Abwechslung ist es zudem.

Morgendämmerung
Die Stimmung am Morgen ist einzigartig. Okay, Sie haben Urlaub. Aber ich kann nur raten, auch mal in der Morgendämmerung aufzubrechen. Die Vögel zwitschern, auf den Straßen ist nicht viel los. Außerdem ist es ein gutes Gefühl, vor der Mittagspause schon ordentlich was geschafft zu haben. Im Sommer ist es mittags zudem sehr heiß, dann ist Siesta angesagt.

KARTENMATERIAL

▲ *Gefeit gegen schlechtes Wetter ist man nie*

Reisezeit

Oft genügt ein Blick auf die Jahres-Klimatabelle im Reiseführer. Und ein bisschen gesunder Menschenverstand sagt einem auch so: Im November in den schottischen Highlands zu touren wird keine erwärmende Angelegenheit sein. Wer Mitte August durchs portugiesische Alentejo fährt, der muss sich über mehr als 40 Grad im Schatten nicht wundern.

Ideal **in Südeuropa** ist der Zeitraum April bis Mitte Juni. Dann blüht dort noch eine Menge, die Temperaturen sind auszuhalten und noch ist nicht die halbe Welt unterwegs. Im Herbst ist es wieder leerer und von den Temperaturen ebenfalls angenehmer.

In Deutschland und den angrenzenden Ländern bieten sich am ehesten die Monate Mai bis September an.

Wetterfrösche online
www.wetteronline.de, www.wetter.de, www.donnerwetter.de

Kartenmaterial

Maßstab 1:6.000.000!
Manchmal bleibt einem keine andere Wahl. Ein befreundeter Weltumradler startete Ende der 1980er-Jahre eine Reise mit dem Rad durch China. Immerhin hatte er zwei Karten dabei. Eine mit dem Maßstab 1:3,9 Millionen, die andere mit 1:6 Millionen. Angekommen ist er trotzdem, obwohl auch die Straßenschilder nicht viel weiterhalfen.

Um auf der Radreise nicht vom Weg abzukommen, führt kein Weg daran vorbei, vorher einen Blick in die Karte zu werfen. So verschafft man sich schon mal einen Überblick: Wie sieht das Straßennetz in der Region aus? Gibt es ausgewiesene Radwege? Von wo nach wo könnten meine Etappen führen? Wie viel Prozent Steigung habe ich zu bewerkstelligen? So wirklich gar keinen Sinn macht

Kartenmaterial

es, in die nächste Tankstelle zu gehen und eine Deutschland-Karte mit dem Maßstab 1 : 1.000.000 zu kaufen, wenn man beispielsweise im Thüringer Wald Rad fahren will.

Spezielle Radwanderkarten

Für Deutschland und viele Teile Mitteleuropas gibt es inzwischen ein umfassendes Kartenwerk speziell für Radreisende. Die renommiertesten Anbieter sind der Verlag Roland Esterbauer mit den bikeline- beziehungsweise cycline-Produkten, der Bielefelder Verlag (BVA), der auch die ADFC-Regionalkarten herausgibt, sowie der Kompass-Verlag.

bikeline sind Radtourenbücher für die klassischen Radwanderregionen in Deutschland, Österreich und der Schweiz. Pedalumdrehung für Pedalumdrehung werden die Strecken der ausgeschilderten Radfernwege beschrieben. Der Maßstab beträgt 1 : 75.000. Auf einer Seite des Guides findet der Radler den Kartenausschnitt, auf der nächsten Informationen zu Sehenswürdigkeiten, Land und Leuten, zu Gastronomie und Unterkünften. Esterbauer aktualisiert spätestens alle zwei Jahre seine Produkte.

Auch der Bielefelder Verlag (BVA) deckt die Radfernwege sowie die klassischen Radwandergebiete ab. Reichlich Karten im Maßstab 1 : 150.000 sind für Deutschland zu haben, außerdem Regionalkarten in den Maßstäben 1 : 50.000 und 1 : 75.000. Außerdem bietet der BVA spiralgebundene Radwander-Guides an, die viele touristische Informationen enthalten.

> **Kartensalat, nein danke**
> *Was nützt die beste Darstellung der Karte, wenn ich jedes Mal einen Nervenzusammenbruch bekomme, weil sich das Ding nicht wieder zusammenfalten lässt – also auch darauf beim Kauf achten. Wer keine Lenkertasche inklusive Kartenhalter am Rad hat, verstaut die Karte am besten in der Trikottasche. Wenn Sie länger etwas davon haben wollen: entweder eine Folie drum herum oder zumindest eine Plastiktüte.*

KARTENMATERIAL

Regionalkarten

Literaturtipp
„Richtig Kartenlesen" von Wolfram Schwieder, REISE KNOW-HOW Verlag, Bielefeld. Die verschiedenen Kartentypen verstehen und in der Reisepraxis korrekt interpretieren.

Mich überzeugen die speziellen Radwander-Karten nicht immer. Ich besorge mir in der Regel eine „normale" Regionalkarte mit einem Maßstab zwischen 1:75.000 und 1:200.000, je nach Länge der Tour. Die Darstellung muss mir gefallen, ich will die Steigungsangaben dabei haben und sie sollte aktuell sein. Bereist man nur ein kleines Gebiet, bietet sich ein kleiner Maßstab an, auf dem jeder Feldweg drauf ist. Fährt man längere Touren, ist es lästig, weil man dann mehrere Karten dabei haben müsste.

Die speziellen Radwanderkarten haben den Nachteil, dass die angeblich besten Radreisestrecken durch einen Wust von farbigen Symbolen gekennzeichnet sind. Die Übersicht geht leicht flöten, andere kleine Straßen sind nur schwer zu entdecken und der Radtourist ist relativ festgelegt auf die vorgegebenen Routen.

Vorteil der Radwanderkarten: Sie geben den Zustand der Straße mit bestimmten Symbolen an. Andererseits kann die landschaftlich schöne Strecke gerade frisch geteert worden sein. Was man leider

---

Andere Karten, andere Pfeile

Schauen Sie in der Legende nach, für welchen Wert die Pfeile (Symbol für Steigung oder Gefälle) stehen. Je nach Hersteller und Maßstab gibt es da erhebliche Unterschiede. Bei einer Michelin-Karte im Maßstab 1:200.000 beispielsweise bedeutet ein Pfeil: Steigung von 5 bis 9 Prozent. Zwei Pfeile heißt 9 bis 12 Prozent, drei Pfeile alles darüber. Nimmt man eine andere Karte, steht ein Pfeil plötzlich für eine Steigung von zehn Prozent. Vorsicht außerdem bei den - zumeist weiß gekennzeichneten - kleinen Verbindungsstraßen im Mittelgebirge. Auf der Karte sehen sie aus, als würden sie schnurgerade und ohne Steigung verlaufen. Oft entpuppen sich solche Ministraßen als Kletterpartien für die Profis.

KARTENMATERIAL

▲ *Idylle pur: Radwandern entlang der Bode im Harz*

erst hinterher erfährt, nachdem man die Straße wegen des angeblich miesen Belags gemieden hat.

Die Regionalkarten aus der Serie world mapping project (REISE KNOW-HOW Verlag) bieten eine moderne Kartenoptik mit Höhenlinien, klassifiziertem Straßennetz inkl. Entfernungsangaben und einprägsamen Symbolen. Sie sind GPS-tauglich, haben einen ausführlichen Ortsindex und bestehen aus reißfestem und wasserresistentem Papier, das passend zur jeweiligen Route gefaltet werden kann.

An größeren Landstraßen führt oft ein Straßen begleitender Radweg entlang. So wirklich idyllisch ist es jedoch nicht, wenn unentwegt 20-Tonner an einem vorbeidonnern. Touren, die vorwiegend über kleine, wenig befahrene Straßen an Flüssen entlang führen, garantieren oft entspanntes Radfahren in netter Umgebung. Viele Kartenhersteller weisen mit einer grünen Kennzeichnung auf eine landschaftlich schöne Strecke hin.

Kartenlesen leicht gemacht
Damit Sie immer gut ankommen, bietet der ADFC auch Nichtmitgliedern spezielle Kurse im Kartenlesen. Infos dazu auf der Homepage unter www.adfc.de.

KARTENMATERIAL

Digitale Karten

Eine interessante Alternative sind die digitalen Karten. Mit ihnen kann man nicht nur zu Hause am Computer die Reise planen, sondern sich auch selbst Karten zusammenstellen. Herausgegeben werden die digitalen Karten im Maßstab 1:50.000 in Deutschland u. a. von den Landesvermessungsämtern. Einmalig die Software auf den PC speichern, schon kann man mit einem Mausklick den Maßstab verändern, sich kurzerhand vom Start- zum Zielort scrollen. Eine Funktion ermöglicht es, die Entfernungen zu messen und das Höhenprofil zu errechnen. Wer sich einen Eindruck verschaffen will, wie es in der angepeilten Region so ausschaut, der nutzt die 3-D-Funktion und fliegt interaktiv darüber hinweg. Die markierten Strecken können gespeichert und per Datenkabel auf GPS übertragen werden. Die Top-50-Karten kosten ab 39 Euro. Beziehen kann man sie über die jeweiligen Landesvermessungsämter oder z. B. bei www.fernwege.de.

Literaturtipp
*„GPS Outdoor-Navigation"
von Rainer Höh,
REISE KNOW-HOW Verlag, Bielefeld.
GPS-Grundlagen, Gerätekunde, Navigation: praktische Anwendung unterwegs, digitale Karten, GPS mit Karte und Kompass usw.*

▶ *Richtungweisend*

Training für die Radreise

Die ersten Knospen zeigen sich in zartem Grün, die Vögel veranstalten jeden Tag früher ihr Konzert. Die Luft riecht nach Frühling – und nach der ersten Radreise. Das Rad, also die Maschine, ist soweit okay. Aber wie schaut es mit dem Menschen aus? Ist schon der Gang zum Briefkasten eine konditionelle Herausforderung?

Ich will Sie nicht mit diversen Trainingsplänen oder Belastungsdiagrammen langweilen, Radwandern ist weder Wettkampf noch Extremsportart. Und wenn die Radreisen durch die Ebene führen und eine Distanz von 50 Kilometern bei gemächlichem Tempo nicht überschreiten, dann können Sie sich getrost ohne spezielle Vorbereitung auf den Weg machen. Doch zumindest diejenigen, die sich für das frühe Frühjahr eine anspruchsvolle Tour vorgenommen haben, sollten über den Winter etwas für ihre Fitness tun.

▲ *Manchmal geht es nicht nur am Bach entlang*

Wie trainiere ich richtig?

Einen wirklichen Trainingseffekt erzielt man nur, wenn man **regelmäßig** trainiert. Schon die tägliche Fahrt zur Arbeit mit dem Fahrrad kann einen Teil dazu beitragen und kostet zumeist keinen bis kaum zusätzlichen Zeitaufwand. Umweltfreundlich ist es außerdem.

Ausdauersportarten wie Joggen, Inline-Skaten oder Skilanglauf sind eine ideale Ergänzung zum

Training für die Radreise

▲ Wer gut trainiert hat, schafft auch solche Traumstrecken auf dem Velo

Radeln. Aber vielleicht macht es dem einen oder anderen ja auch Spaß, ein wenig Tennis, Fußball oder Badminton zu spielen. Im Winter bietet sich zudem das Heimtraining auf der „Rolle" beziehungsweise auf den sogenannten **Cycletrainern** an. Das sind Geräte, bei denen Sie die Hinterradachse des Fahrrads einspannen und so, ohne Steuerkünste vollführen zu müssen, im heimatlichen Keller trainieren können. Marktführer bei diesen Geräten ist die Firma Tacx (www.tacx.nl). Oder aber Sie fahren auf dem guten alten Ergometer Ihre „Runden".

Je näher die Saison rückt, desto öfter sollte das Radtraining auf dem Programm stehen, um die spezifischen Belastungen zu trainieren. Es empfiehlt sich, jede Woche nach zwei oder drei Trainingseinheiten (ca. zwei bis drei Stunden Radfahren oder eine halbe bis eine Stunde Joggen) zwei Ruhetage am Stück einzulegen, um ausreichend zu regenerieren. Den inneren Schweinehund zu überwinden ist nicht immer einfach. Mit einem oder mehreren Partnern geht es besser. Sich regelmäßige Termine zu setzen, erleichtert die Sache ebenfalls.

Gesundheits-Check
Ab einem gewissen Alter und bei chronischen Erkrankungen sollten Sie sich vor der Fahrt oder vor dem Trainingsbeginn mit dem Haus- oder Facharzt über die auf Sie zukommende Belastung unterhalten beziehungsweise sich durchchecken lassen.

Training für die Radreise

Grundlagenausdauer

Achten Sie darauf, dass Sie so gut wie immer **im aeroben Bereich** bleiben. Das ist der Bereich, in dem der Körper noch genug Sauerstoff hat, um die Muskeln ausreichend mit Energie zu versorgen. In diesem Bereich trainiert man die sogenannte Grundlagenausdauer, auch Fettstoffwechseltraining genannt. Die Grundlagenausdauer ist das Fundament, auf dem Sie aufbauen können.

Im Bereich bis zu rund 85 % der maximalen Herzfrequenz (ca. 220 Schläge minus Lebensalter) arbeitet der Körper im aeroben Bereich. Darüber hinaus gelangt man in den **anaeroben Bereich,** der Körper geht eine Sauerstoffschuld ein, zu viel Laktat (Milchsäure) wird gebildet und die Muskeln übersäuern.

Entweder man verfährt nach der Faustregel: Tempo bzw. Belastung so gestalten, dass man noch genügend Puste hat, um sich normal zu unterhalten. Oder man trainiert mit ↗Puls- bzw. Herzfrequenzmesser.

> **Herzfrequenzmesser**
> *Mit Herzfrequenzmessern lässt sich das Training gut überprüfen. Über einen Brustgurt wird drahtlos die Herzfrequenz auf das Display der dazu gehörigen Armbanduhr übermittelt. Einfache Geräte sind ab 50 Euro zu haben. Sie messen und stoppen die Zeit, ermitteln die aktuelle Herzfrequenz und besitzen Speichermöglichkeiten für die sogenannte Trainingszielzone. Nach oben sind kaum Grenzen gesetzt. Bis zu 500 Euro und mehr kann man anlegen. Dann hat man aber auch solche Spezialfunktionen wie eine Infrarot-Datenkommunikation mit PC und Handy dabei. Die gesamte Palette an Puls- und Herzfrequenzmessgeräten bieten die Firmen Ciclosport (www.ciclosport.de) und Polar (www.polar-deutschland.de).*

Bei 50 bis 60 % der jeweiligen maximalen Herzfrequenz tut der Mensch schlicht und ergreifend etwas für seine Gesundheit. Der Fettabbau funktioniert am ehesten bei 60 bis 70 %. Richtig Kondition kann man bolzen, wenn man bei 70 bis 85 % der maximalen Herzfrequenz trainiert. Die Belastung sollte sowohl zu Beginn als auch zum Ende der Trainingseinheiten ein wenig dosiert werden.

Transport und Übernachtung

Transport und Übernachtung

Fahrradtransport und Übernachtung

Anreise mit der Bahn

Anreise mit der Bahn

Bike und Rail

▲ *Praktisch und bequem – mit der Bahn zum Startpunkt*

Die Anreise mit der Bahn ist für mich, trotz einiger unliebsamer Überraschungen, die beste Möglichkeit, um zum Ausgangspunkt der Radreise zu kommen – zumindest bei Reisen im Inland. Zum einen können sich alle Teilnehmer auf Hin- und Rückfahrt entspannen, zum anderen ist es eine umweltfreundliche Anfahrt. Außerdem ist man nicht zu einer Rundreise gezwungen. Schließlich ist es dabei möglich, von einem Startbahnhof aus die Radtour zu beginnen und von einem anderen dann wieder zurück nach Hause zu fahren. Wer alleine unterwegs ist, lernt in der Bahn oft andere Radfahrer kennen. Es wird gefachsimpelt, Erfahrungen werden ausgetauscht, nützliche Tipps weitergegeben.

Anreise mit der Bahn

Fahrradabteile

In den **Regionalzügen** der Deutschen Bahn (IRE, RB und RE) sowie in den S-Bahnen können Fahrräder mitgenommen, jedoch keine Fahrradplätze vorab reserviert werden. Bei neueren Waggons der Regionalbahnen ist der Einstieg ebenerdig, sodass die schweren Reiseräder bequem verladen werden können. In der Regel ist auch Platz genug. Die Bahn spricht von 13 bis 16 Plätzen pro Fahrradabteil. Allerdings kann es – gerade an Wochenenden – passieren, dass das Abteil voll ist. Besonders „lustig" wird es, wenn bei einem Halt gerade diejenigen aussteigen müssen, die völlig verkeilt in der hintersten Ecke stehen. Wenn beim Einsteigen geklärt wird, wer wo aussteigen muss, kann einiges an Chaos vermieden werden.

Normalerweise sind die **Fahrradabteile** an der Spitze oder am Ende des Zuges. Besser ist es jedoch, vorher beim Personal auf dem Bahnsteig nachzufragen. Leider ist nicht zu hundert Prozent gewährleistet, dass es wirklich ein Fahrradabteil im Zug gibt, auch wenn im Fahrplan das Symbol steht. Genervte Schaffner, die über verkeilte Räder klettern – genervte Radfahrer, die um ihr Material fürchten und es nicht besonders bequem haben, sind die Folge.

Kosten

In den **Regionalzügen** kostet das Tagesticket für die Mitnahme eines Fahrrads in der Regel 4,50 Euro. Wer mit Anhänger reist, muss noch einmal 4,50 Euro draufzahlen. Für die Mitnahme in den **Fernzügen,** also beispielsweise in den IC-Zügen, muss man als Radfahrer 9 Euro, als Inhaber der BahnCard 50 nur 6 Euro für den Transport des Bikes auf den Tisch legen.

Anreise mit der Bahn

Ende 2008 hat der Bundesrat die Deutsche Bahn AG dazu aufgefordert, die Radmitnahme auch im ICE anzubieten.

Fahrkarten und Reservierung

Bei der Fahrradmitnahme in **Fernzügen** besteht Reservierungspflicht. Ab drei Monate vor Beginn der Reise ist das möglich. Wenn Sie in der Hauptsaison fahren wollen, ist es sinnvoll, schon so früh einen der wenigen Plätze zu buchen. Auch die meisten **Nachtzüge** verfügen über Fahrradabteile. Die City-Night-Line hat Stellplätze und befördert selbst größere Gruppen, wenn diese rechtzeitig angemeldet werden. Informationen über die Verbindungen zum Zielort holt man sich am besten in den Reisezentren der Bahn.

Hotline für Radfahrer

Im Internet klickt man die Seite www.diebahn.de an und findet dort unter dem Stichwort „Services" und weiter unter „Mit dem Fahrrad verreisen" die wichtigsten Informationen. Kennt man seine Verbindung, kann man die Fahrkarten ebenfalls online kaufen. Außerdem ist unter der Telefonnummer 01805 151415 eine Radfahrer-Hotline eingerichtet. Sie ist montags bis freitags von 8 bis 20 Uhr besetzt, samstags und sonntags von 9 bis 14 Uhr und kostet 0,14 Euro/Min aus dem deutschen Festnetz.

Service auf den Bahnhöfen

In den größeren Städten haben die Bahnhöfe Aufzüge. In kleineren Bahnhöfen muss das Rad oft treppab und treppauf geschleppt werden.

Fahrradmitnahme im Ausland

Während es in den fahrradfreundlichen Niederlanden sowie in Dänemark nicht nur theoretisch möglich ist, Räder mitzunehmen, sieht es beispielsweise in einigen südeuropäischen Ländern nicht so rosig aus. Infos dazu findet man auch auf der Homepage der Deutschen Bahn AG.

Anreise mit dem Pkw

Klicken Sie auf der Startseite der Bahn (www.bahn.de) auf den Menüpunkt „Services", dann auf „Mit dem Fahrrad verreisen", schließlich auf „Fahrrad im Zug mitnehmen". Einen Klick weiter finden Sie unter „Fahrradmitnahme in Europa" Hinweise und Tipps, wie und ob die Fahrradmitnahme im europäischen Ausland funktioniert. Auf jeden Fall sind dort die Telefonnummern der jeweiligen Bahn-Unternehmen zu finden, bei denen Sie Informationen zum aktuellen Stand der Dinge erhalten sollten.

Anreise mit dem Pkw

Für den Transport außerhalb des Autos werden drei Varianten angeboten. Der Dachträger, der auf einen vorhandenen Grundträger montiert wird, der Heckträger oder der Kupplungsträger. Oder die Räder werden im Auto verstaut.

▼ *Mit dem Thule-Kupplungsträger kommen Radler und Räder sicher ans Ziel*

Anreise mit dem Pkw

Transport im Innenraum

Bis zu drei Räder passen in einen Mini-Van oder geräumigen Kombi. Es empfiehlt sich, den Lenker zu verdrehen und die Pedale zu demontieren. Einige Automobil-Marken bieten als Sonderausstattung Bike-Befestigungen für den Innenraum an, „Träger" für innen gibt es von der Firma bikeinside. Der Vorteil der Transportvariante „indoor": Man spart Benzin, die Räder sind nicht der Witterung ausgesetzt und besser gegen Diebstahl geschützt. Der Nachteil: Es passen weniger Radler ins Auto.

Transport auf Dach-, Heck- oder Kupplungsträgern

Bester Dachträger
Die Stiftung Warentest testete den Thule Pro Ride 591 und den Atera Giro am besten in der Kategorie Dachträger (Juni 2004). Kosten pro Rad: ab 69 Euro.

Beim Outdoor-Transport sollte Wert auf Sicherheit gelegt werden. Nicht auszudenken, was passiert, wenn die Räder sich selbstständig machen. Beim **Dachträger** sind oft die Grundträger die Gefahrenquelle. Der Nachteil beim Dachträger ist der hohe Benzinverbrauch. Dafür sind die Modelle am preisgünstigsten. Im Allgemeinen werden die Räder in eine Schiene gestellt, der Rahmen in einen beweglichen Haltearm gespannt. Die Laufräder werden entweder mit dafür vorgesehenen Haltern befestigt oder mit Gurten festgezurrt.

Beim Fahren mit Dachträgern stets an die Fracht obendrauf denken. Ich habe einmal erlebt, wie ein Autofahrer mitsamt Rädern auf dem Dach in eine Tiefgarage fahren wollte. Das war weder ein schönes Geräusch noch ein schöner Anblick.

Eine sichere, aber auch kostspielige Angelegenheit sind die

> **So machen's die Profis**
> *Die Begleitfahrzeuge der Radprofis haben Träger auf dem Dach, bei denen die Gabel mit einem Schnellspanner befestigt wird. Eine bombenfeste Angelegenheit. Gibt es auch für Amateure. Der Nachteil ist, dass die Vorderräder separat untergebracht werden müssen.*

Anreise mit dem Pkw

◀ Passt an alle Pkw außer solchen mit Stufenheck - der Heckträger

Kupplungsträger. Für ein gutes Modell muss man um die 400 Euro hinblättern. Weil die Last im Windschatten bewegt wird, fallen kaum Mehrkosten beim Benzin an. Allerdings wird der Wagen sehr hecklastig und verhält sich entsprechend merkwürdig. Bei schlechtem Wetter sind die Fahrräder ziemlich verdreckt.

Bester Kupplungsträger
In der Kategorie der Kupplungsträger ist der Thule EuroClassic Pro 902 überwiegend gut getestet worden.

Heckträger sind relativ günstig, zudem schnell montiert. Wer aber Angst um seine Lackierung hat, sollte die Finger davon lassen. Außerdem lässt sich bei den Heckträgern der Kofferraum nicht öffnen.

Empfehlenswerte Heckträger
Empfehlenswert sind unter anderem Produkte mit dem schönen Namen Paulchen. Informationen findet man auch bei www.dachtraegerboerse.de.

Vor Antritt der Reise sollte geprüft werden, ob die Befestigungen auch wirklich fest sind. Pumpe, Radcomputer oder Trinkflaschen im Auto verstauen. Halten Sie sich an die vorgegebene Richtgeschwindigkeit. Schutzhüllen würde ich weglassen. Das bisschen Regen schadet nicht so sehr, dafür ist der Luftwiderstand größer. Ausnahme sind Ledersättel: Plastiktüte mit Gummiband drüber – fertig. An einigen Trägern sind Schlösser integriert, ansonsten sollten die Räder extra gesichert werden.

Anreise mit dem Flugzeug

Manche machen gerne eine Radtour in der Lüneburger Heide, andere auf Mauritius. Mit Bus und Bahn geht dann schon mal gar nichts, die Lösung heißt Bike & Fly.

Fast alle Fluggesellschaften nehmen inzwischen Fahrräder mit. Fast alle berechnen dafür einen **Aufpreis,** der bei rund 20 Euro pro Flug beginnt und bei Transatlantik-Flügen oft über hundert Euro pro Strecke betragen kann. Die Lufthansa verlangt mittlerweile auf allen Inlandsflügen eine Gebühr von 70 Euro pro Strecke!

Wer Bike and Fly **buchen** will, sollte das frühzeitig tun und die Unterlagen genau kontrollieren. Wenn die Fahrradmitnahme nicht drin steht, stellt sich das Personal beim Einchecken oft stur.

> **Luft raus?**
> *Es soll immer noch Fluggesellschaften geben, die darauf bestehen, dass man die Luft aus den Reifen lässt. Ich konnte bislang immer mit aufgepumpten Reifen fliegen.*

Für den Fahrradtransport gelten einige Regeln, die jedoch von Fluggesellschaft zu Fluggesellschaft variieren. Fast immer müssen die Pedale abmontiert und der Lenker quergestellt werden. Meine Empfehlung: Sämtliche Teile wie Radcomputer, Flaschen oder Luftpumpe abnehmen. Die meisten Fluggesellschaften bestehen darauf, dass das Rad verpackt ist. Gleich bei der Buchung informieren!

Eine Theorie zum Thema **Verpackung** lautet: Je besser zu erkennen sei, dass es sich um ein Fahrrad handelt, desto sorgsamer würde das Bodenpersonal damit umgehen. Na ja, Theorie halt.

Eine Möglichkeit ist es, das Bike rundherum mit Luftkammerfolie zu umwickeln und zu verkleben. Ergibt reichlich Plastikmüll, ist aber relativ sicher. Recht praktisch sind Bike-Boxes aus Pappe, die es beim Fahrradhändler gibt. Noch praktischer ist es, wenn die Fluggesellschaften sie am Schalter anbieten. Und am praktischsten ist es, wenn sie noch nicht mal etwas kosten.

Die sicherste Methode besteht darin, das Rad in einem **Bikekoffer** zu verstauen. Das Rad liegt sicher zwischen dicken Kunststoffschichten, allerdings ist der Koffer ein richtiges Monstrum und ein Taxi mit einem entsprechend geräumigen Kofferraum lässt sich nicht immer auftreiben. Fragt sich außerdem, wohin mit dem Teil während der Radtour? Außerdem kosten Fahrradkoffer, die wirklich etwas taugen, horrende Summen.

Literaturtipp

„Clever buchen, besser fliegen" von Erich Witschi, REISE KNOW-HOW Verlag, Bielefeld. Wie man für weniger Geld „mehr Flug" bekommt, alles über das Fluggepäck, richtig reklamieren, übernachten in DeLuxe-Hotels zum Minipreis etc.

Anreise mit dem Bus

Besonders für Touren ins europäische Ausland bietet sich der Bus als Transport-Alternative an. Immer mehr Anbieter bringen auch Individual-Radler samt Gefährt zum Startort der Route. Vom Ziel der Reise holen sie ihn wieder ab. Natürlich fährt der Bus nicht jedem einzelnen hinterher, aber die Ziele sind miteinander kombinierbar. Die Unternehmen schließen jedoch aus, dass sie an anderen als den im Prospekt angegebenen Punkten anhalten.

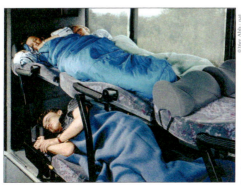

◀ *Attraktive Anreisealternative: Liegeplätze im Bus*

Die Busse fahren nicht gerade an jeder Ecke ab, meistens jedoch in der Nähe der Hauptbahnhöfe. Viele Busunternehmer bieten inzwischen gegen Aufpreis Liegeplätze an. Zudem sind Pakete buchbar, bei denen Sie individuell Ihre Tagesetappe fahren können, der Veranstalter aber die jeweiligen Hotels inklusive Verpflegung gebucht hat.

Transport von Spezialrädern
Normale Fahrräder können problemlos mitgenommen werden. Schwieriger wird es jedoch mit Liegerädern, Tandems oder auch mit Kinderanhängern. Deshalb ist es ratsam, dem Veranstalter vorab die Maße mitzuteilen und sich den vereinbarten Transport schriftlich bestätigen zu lassen.

Die Unternehmen haben inzwischen sehr gute Staumöglichkeiten für die Räder in eigens dafür konzipierten Anhängern. Lack- oder schwerere Schäden sind meist auszuschließen. Doch Ausnahmen bestätigen die Regel und so empfehlen sogar die Busunternehmen eine Reisegepäckversicherung.

Über Nacht

Man sollte sich frühzeitig überlegen, auf welche Art und Weise man auf der Radreise nächtigen möchte. Ob man eher in Pensionen und Hotels oder an der frischen Luft übernachten will, also auf einem Zeltplatz, beim Bauern auf der Wiese oder als „Wild-Camper" in der freien Natur. Was nicht überall erlaubt ist, aber auch nicht immer geahndet wird.

Pensionen und Hotels

Der Vorteil von Übernachtungen in Hotels oder Pensionen liegt auf der Hand: Weder Zelt und Schlafsack noch Kochgeschirr müssen transportiert werden. Ich muss gestehen, dass ich es inzwischen auch sehr angenehm finde, nach der Tagesetappe ins gemachte Bett zu fallen. Vor allem den Komfort einer heißen Dusche würde ich vermissen. Sich morgens an den gedeckten Frühstückstisch setzen zu können, gibt auch wenig Anlass zum Meckern. Die Qualität des Frühstücks manchmal schon.

Meinen Erfahrungen nach ist es in den meisten deutschen und mitteleuropäischen Radwanderregionen höchstens in der Hauptsaison ein Problem, ein Doppel- oder Dreibettzimmer für eine Nacht zu bekommen. Natürlich ist diese Variante teurer als die Übernachtung im Zelt. Doppelzimmer kosten in Deutschland und Österreich zwischen 30 Euro in einfachen Gästehäusern und 60 bis 80 Euro in Landhotels. In der Schweiz ein paar Fränkli mehr. Oft lassen die Wirte aber auch mit sich handeln.

Auch in den knapp 600 **Jugendherbergen** in Deutschland (fast 4000 weltweit) finden Radler in der Regel ein geeignetes Quartier inklusive Abstellmöglichkeiten für die Fahrräder. Das Deutsche Jugendherbergswerk arbeitet mit dem ADFC zusammen. Die Küchenteams der Jugendherbergen stellen den Radlern zum Beispiel Lunchpakete für die nächste Tagesetappe zusammen. Voraussetzung für die Übernachtung in Jugendherbergen ist allerdings die Mitgliedschaft im Deutschen Jugendherbergswerk (DJH), die für Menschen bis 26 Jahre 12,50 Euro kostet, für sogenannte „Senioren" ab 27 Jahren 21 Euro. Auch Familien mit minderjährigen Kindern zahlen 21 Euro. Die Mitgliedschaft erstreckt sich für das jeweilige Beitragsjahr vom 31. Oktober des Vorjahres bis zum 31. Januar des nachfolgenden Jahres. Jugendherbergshäuser gibt es in den Kategorien I bis IV. Die einfache Kategorie I ist schon für rund 15 Euro pro Nacht (inklusive Bettwäsche und Frühstück) zu haben, die Jugendherbergen mit gehobenem Komfort kosten inklusive Vollpension bis zu 30 Euro pro Person. Weitere Informationen und sämtliche Kontaktadressen sind auf der Homepage unter www.jugendherberge.de zu finden.

ÜBER NACHT

Bett & Bike

Eine gute Idee ist das Programm „Bett & Bike". Nur besonders radlerfreundliche Übernachtungsbetriebe, die bestimmte Kriterien erfüllen, dürfen sich die vom ADFC ausgestellte Plakette an die Haustür kleben. Die Gasthäuser (oder auch Campingplätze) müssen radelnde Gäste auch für eine Nacht aufnehmen, einen abschließbaren und überdachten Raum zur Aufbewahrung der Räder sowie eine Möglichkeit zum Trocknen der Klamotten bieten. Ein Frühstücksangebot ist ebenso Pflicht wie der Aushang von Radwanderkarten und Fahrplänen aller Art. Weiterer Vorteil der Bett-&-Bike-Betriebe: Werkzeug ist im Haus; ansonsten sollten die Gastgeber wenigstens

Bett-&-Bike-Verzeichnis
Ein Verzeichnis mit den inzwischen fast 5000 Bett-&-Bike-Angeboten (Stand: Anfang 2009) findet man unter www.adfc.de oder www.bettundbike.de.

Über Nacht

die Adressen der ansässigen Fahrradläden nennen können. Die Betriebe werden von ADFC-Mitarbeitern in regelmäßigen Abständen kontrolliert.

Dachgeber

Noch eine pfiffige Idee für Radler ist das Prinzip des Dachgebers. Ein Übernachtungsverzeichnis, das auf Gegenseitigkeit beruht. Es bietet allen darin aufgeführten Radfahrern kostenlose Schlafplätze bei den sogenannten Dachgebern – jedoch nur, wenn man selbst ebenfalls bereit ist, Radreisenden Asyl zu gewähren. Man sollte sich telefonisch oder per E-Mail in der gewünschten Unterkunft anmelden, um sicher zu stellen, dass man zu dem anvisierten Zeitpunkt auch willkommen ist. Wer bei Dachgebern unterkommen will, ist gut beraten, einen Schlafsack und eine Isomatte dabei zu haben. Denn der Komfort der Angebote reicht von einer staubigen Ecke in der Scheune bis hin zum Einzelzimmer mit frischen Blümchen und eigenem Bad.

Infos dazu findet man unter www.dachgeber.de. Oder man nimmt Kontakt auf zu Wolfgang Reiche. Entweder per Mail unter kontakt@dachgeber.de oder auf dem Postwege unter folgender Adresse: ADFC-Dachgeber, Wolfgang Reiche, Manteuffelstraße 60, 28203 Bremen.

Die Mitgliedschaft kostet 12 Euro (für ADFC-Mitglieder 8 Euro) jährlich, hinzu kommt eine einmalige Aufnahmegebühr von 1,50 Euro.

Mit dem Zelt unterwegs

Abends noch einmal verträumt in den sternenbedeckten Himmel schauen, Reißverschluss zu – und „Gute Nacht". Morgens früh die Nase aus dem Zelt stecken, ein Blick hinüber zum plätschernden Bach, Tautropfen glitzern in der Morgensonne. Vom Wald

◀ *Ausgeruht und gut gelaunt nach einer ruhigen und komfortablen Nacht*

ÜBER NACHT

herüber riecht es nach Moos und frischer Erde. So kann es beim Zelten zugehen.

Oder aber so: Spät abends ist man zum dritten Mal zu der spät-pubertierenden Fußball-Mannschaft herübergelaufen, um dem Gegröle ein Ende zu bereiten. Dann, endlich eingeschlafen, scheppert um 5 Uhr in der Nacht die Reinigungskraft mit ihren Eimern im Sanitärhaus.

Campen kann idyllisch sein, aber auch nerven. Das **Camping-Equipment** erhöht Gewicht und Volumen des Gepäcks erheblich, wenngleich die Hersteller von Outdoor-Produkten inzwischen eine ziemlich geniale Mischung aus Raumwunder und Leichtgewicht hinbekommen.

Ratsam ist es, sich im Internet oder in Campingführern einen Überblick über die **Campingplätze** in der Region zu verschaffen und die Standorte auf der Karte zu markieren.

Wenn Sie einen **Bauern** nach einem Platz fürs Zelt fragen, springt manchmal sogar ein Abendessen dabei raus. Nicht gleich beim ersten Mal einschüchtern lassen. Muffelköpfe gibt es überall, beim nächsten Hof kann das schon ganz anders sein. Die Leute auf dem Land begegnen Radreisenden meistens sehr zuvorkommend.

Beim **„Wild"-Zelten** muss man sich darüber im Klaren sein, dass es nicht überall erlaubt ist. In Europa nur in Norwegen, Schweden, Großbritannien und Irland. Außerdem muss auf die heiße Dusche verzichtet werden. Im Idealfall findet man ein lauschiges Plätzchen an einem See oder einem Fluss. Zum Ende der Tagestour heißt es: Augen auf, um ein geeignetes Nachtlager zu finden. Das kann auch ein überdachter Unterstand oder leerstehender Schuppen sei. Es ist nicht ratsam, sich ein Plätzchen in der Nähe von Großstädten zu suchen. Es gibt zwar keine gesicherten Erkenntnisse über die Beziehung von Vorstadt-Banden und Radtouristen,

ÜBER NACHT

aber ich würde es auch dabei belassen. Mir ist auf dem Land – bis auf ein paar erstaunte Hirten – noch niemand in die Quere gekommen. Grundvoraussetzung beim „Wild"-Campen sollte der pflegliche Umgang mit der Natur sein.

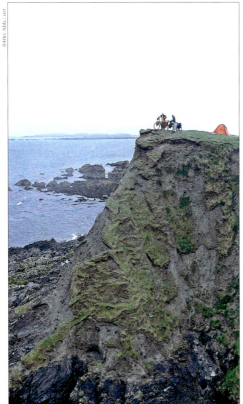

◄ *Ein exquisiter Zeltplatz mit grandioser Aussicht, aber auch mit reichlich Wind*

Die Ausrüstung

Die Ausrüstung

Rennradprofis versuchen, Gewicht zu sparen, indem sie sogar ihre Flaschenhalter aus Carbon anfertigen lassen. Und sie triumphieren, wenn sie wieder 23 Gramm gespart haben. So extrem muss es der Radler nicht treiben. Dennoch sollte man sich vorher überlegen, was man auf Tour mitnimmt. Denn jedes Kilo will bewegt werden – vor allem bergauf.

Fahren Sie in der Gruppe, besprechen Sie vorher, wer was mitnimmt. Was soll man mit drei oder vier Multitools, wozu brauchen Sie fünf verschiedene Sonnencremes?

Und die große Zahnpastatube muss es auch nicht sein. Die alleine würde noch nicht viel ausmachen, aber zusammen mit dem Shampoo in der Großpackung, den drei Büchern, die doch nicht gelesen werden, kommt einiges an überflüssigem Gewicht zusammen.

Nach der Reise sollte man einmal genau Bilanz ziehen, um bei der nächsten Reise besser zu packen: Was war zu viel, was hat vielleicht gefehlt?

Radreisegepäck

Auf einer meiner ersten Radreisen bin ich mit einem billigen **Packtaschenset** losgefahren. Dünnes Material, lose Bänder und schlechte Verschlüsse. Ich habe mir fast einen steifen Nacken geholt, weil ich ständig mit einem Auge nach hinten geschielt habe, ob da wirklich alles klar geht. Oder ob sich die Packtaschen vielleicht bei Tempo 50 bergab um die Speichen wickeln. Rich-

▲ *So ausgestattet kann's losgehen*

▲ *Tubus fly – leicht, aber stabil*

RADREISEGEPÄCK

◀ Perfekt ausgestattet mit Taschen vom Marktführer Ortlieb

tig Spaß hatte ich nicht. Zumal die Taschen beim ersten Regenguss mehr oder minder aufgeweicht waren und abfärbten.

Also, mal wieder ein Plädoyer für Qualität. Außerdem muss man schauen, ob der **Gepäckträger** am Rad etwas taugt. Kein schweres Gepäck an einem schlecht verarbeiteten Träger! Für kürzere Touren (ein paar Tage bis zwei Wochen) reicht meistens ein Taschenpaar, am hinteren Gepäckträger befestigt.

Wer auf große Tour geht, kann vorne **Lowrider** und entsprechende Taschen benutzen. Bei Rädern mit Federgabel passen nur wenige, speziell dafür entwickelte Lowrider.

Die Modelle für hinten fassen rund 40 bis 50 Liter, die für vorne 20 bis 30 Liter. Es gibt Taschen, bei denen der Deckel gerollt und dann verschlossen wird, alternativ dazu Modelle mit einem festen Deckel. Zwei einzelne Taschen sind schlauer als die sogenannten Taschenkoffersets. Die lassen sich schlechter tragen und weniger fix montieren.

RADREISEGEPÄCK

Probefahrt mit Sack und Pack

Wer noch nie mit voll gepackten Packtaschen gefahren ist, sollte vorher die eine oder andere Proberunde drehen. Haben Sie hinten und vorne Packtaschen, verteilt sich das Gewicht gleichmäßiger (hinten gut zwei Drittel, vorne etwa ein Drittel). Viele Radler schätzen es, mit dem zusätzlichen Gewicht vorne zu fahren. Andere nervt es, weil es sich so schwerer steuern lässt. Das sollte jeder für sich ausprobieren.

Packtaschen sollten aus wasser- und staubdichtem Material sein. Die neuralgischen Stellen sind die Nähte. Marktführer Ortlieb setzt auf eine Verarbeitung mit Hochfrequenz-Technik, durch die das Material nicht schon bei der Verarbeitung durch hohe Temperaturen belastet wird. Die Teile werden quasi in der Mikrowelle miteinander verschweißt. Bei den Befestigungssystemen kommt es darauf an, dass man die Taschen ohne Gewürge anbringen, aber ruckzuck wieder demontieren kann. Die einen nennen das System Quick-Lock (Ortlieb), bei anderen steht QMR für Quick Mount and Release (Vaude). Wie die Krallen eines Vogels einen Ast, so umschließen die Haken das Rohr des Gepäckträgers. Lösen kann man sie, indem man einmal am Griff zieht. Wichtig ist eine Drei-Punkt-Befestigung. Damit die Taschen beim Fahren auf holprigen Straßen oder im Wiegetritt nicht hin- und herschlackern, sind sie auch an der Querstrebe noch einmal durch einen verstellbaren Haken fixiert.

Die beinahe perfekten Taschen von Ortlieb haben mit 100 bis zu 150 Euro ihren Preis, Vaude bietet ähnlich gute Geräte für etwas weniger Geld.

▼ *Mit einem gepolsterten Einsatz eignen sich Lenkertaschen vorzüglich zum Transport von hochwertigem Fotomaterial*

Ob **Lenkertaschen** das Rad optisch aufwerten – darüber lässt sich streiten. Über den erheblichen praktischen Nutzen wohl kaum. Handy, Kamera oder die aktuelle Karte – unter einer Klarsichtfolie – sind sofort griffbereit. Angeboten werden die Taschen in verschiedenen Größen, meistens mit einem Tragegurt versehen (bei der Fahrt abnehmen!), sodass sie beim Bummel den Rucksack ersetzen können.

RADREISEGEPÄCK

Praktisch, um Werkzeug unterzubringen, sind **Satteltaschen,** die entweder mit einem sogenannten Twist Adapter unter dem Sattel festgesteckt oder mit zwei Riemen an den Sattelstreben befestigt werden.

▲ *Satteltasche - immer Platz für Flickzeug, Geld, Multitool etc.*

Ein **Rucksack** empfiehlt sich bei kürzeren Trips oder bei Touren in unwegsamem Gelände. Es steuert sich ohne Taschen am Rad einfach besser. Natürlich schwitzt man unter dem Rucksack, doch durch die schnell abtrocknenden Kunstfasern der Trikots und ein spezielles Gewebe am Rucksack ist es halb so wild. Es gibt spezielle Bike-Rucksäcke mit Trinksystemausgang, Kartentaschen und Helmhalterung in verschiedenen Größen. Kostenpunkt: zwischen 35 Euro und 100 Euro.

Für die sogenannte Scheckkarten-Tour bieten sich kleine Gepäckträger an, die an der Sattelstange befestigt werden. Die recht fragil erscheinenden Dinger, zum Beispiel die von Topeak, halten mit bis zu acht Kilogramm jedoch mehr aus, als man denkt.

Anhänger machen nicht nur für den Weltreisenden Sinn. Die für die Reise am besten geeigneten Modelle sind einspurige Raum- und Laufwunder und durchaus eine Alternative zu den Packtaschen, wenngleich eine kostspielige. Zwischen 350 und 500 Euro sind fällig für empfehlenswerte Hänger wie den „Beast of Burdon", kurz BOB. Sie können

Packtaschenfachpacker gesucht

Das Innenleben der Taschen besteht meistens aus einem großen Fach. Also nützt die beste Tasche nichts, wenn man das Handy und die Straßenkarte ganz nach unten zu den dreckigen Socken packt. Also zum einen thematisch packen; so kann man sich merken, wo was ist. Zum anderen: die Sachen obenauf packen, an die man schnell ran muss. Zum Beispiel das Regenzeug. Einzelne Plastiktüten geben so etwas wie Fächer in einem Kleiderschrank ab, zudem schützen sie extra vor Feuchtigkeit. Ich muss allerdings zugeben, dass das mit dem systematischen Packen bei mir meistens schon am zweiten Tag graue Theorie war.

bis zu 30 Kilogramm bzw. fast 100 Liter zuladen. Brav fahren sie auf ihrem 16-Zoll-Laufrad hinterher, das Fahrverhalten ändert sich erstaunlich wenig (es sei denn, es ist zu hoch geladen). Angekuppelt werden sie an der Hinterradachse, diverse Adapter sind erhältlich. Den BOB IBEX gibt es sogar mit Federung, der wasserdichte Packsack ist leider nicht inklusive, sondern kostet noch mal rund 60 Euro.

Bekleidung für die Radreise

Mal ganz unter uns: Wirklich „en vogue" ist Radbekleidung selten. Dafür praktisch und funktional. Die Hersteller bieten inzwischen nicht nur die sportliche Linie, sondern auch legere Freizeitmode an. Achten Sie bei der Anschaffung auf Qualität, aber auch auf die Verhältnismäßigkeit. Wer einmal im Jahr eine Zweitages-Tour macht, der braucht wohl keine Rennhose und keine speziellen Radschuhe.

▼ *Klassische kurze Bikerhose mit Trägern und schützendem Einsatz*

Bekleidung für die Radreise

Radhosen

Eine Radhose mit Einsatz sollte man sich gönnen, der Allerwerteste wird es einem danken. Es gibt die Radhosen mit und ohne Träger, die meisten Modelle sind eng geschnitten, es sind aber auch weit geschnittenere Shorts auf dem Markt. Die sportlichen Modelle mit Trägern rutschen nicht und schützen die empfindliche Nierengegend. Lediglich wenn man mal ganz schnell „für kleine Jungs" bzw. „für kleine Mädchen" muss, sind die Trägerhosen unpraktisch. Radhosen sind auch in „dreiviertel" oder „lang" zu haben. Geiz ist gar nicht geil bei dem wichtigsten Kleidungsstück des Radlers. So um die 50 bis 70 Euro für die kurzen Modelle sollte man anlegen, Topmodelle kosten bis zu 220 Euro.

> **Kunstfaser statt Baumwolle**
> *Baumwolle nimmt zehn Mal so viel Feuchtigkeit auf wie Kunstfaser. Sie klebt nach der ersten Steigung am Körper, bergab beginnt man zu frieren.*

Radtrikots und -jacken

Oben herum empfiehlt sich ein spezielles Radtrikot aus leichtem, atmungsaktivem und schnell trocknendem **Material,** das auf der Rückseite länger geschnitten ist. In die **Taschen** am Rücken passt eine Menge hinein: Karte, Bananen, Handy, Arm- und Beinlinge. Ob es eines der Teamtrikots der Profimannschaften sein soll oder ein unifarbenes Modell, ist Geschmackssache. Unter 50 Euro bekommt man selten gute Qualität – oder so grelle Farbkompositionen, dass der Hintermann blind wird. Die Trikots sollten nicht spannen, aber eng anliegen.

▲ *Klassisches, kurzärmeliges Radtrikot*

▲ *Radtrikots gibt es auch im Freizeitlook. Reine Geschmackssache*

Bekleidung für die Radreise

Praktische Erfindung

Arm-, Knie- oder Beinlinge sind eine praktische Erfindung. Beginnt man zu frieren, kann man sie sich schnell überstreifen. Wird es warm, sind sie ruckzuck in der Trikot- oder Gepäcktasche verstaut. Auch hier sollte man auf Qualität achten, sonst rutschen die Dinger einem ständig runter. Kostenpunkt pro Paar: zwischen 20 und 40 Euro.

◀◀ *Knielinge halten warm und sind besonders Radlern mit der Tendenz zu Knieproblemen zu empfehlen*

◀ *Armlinge*

Es gibt Radtrikots natürlich auch mit langem Arm und als Wintertrikots. Zumeist sind bei diesen Modellen schon sogenannte Windstopper eingearbeitet. Bei den absolut empfehlenswerten Gore-Tex-Produkten wird eine spezielle Membran aus sogenanntem gereckten PTFE (Polytetrafluorethylen) mit den Textilien verbunden. Diese Art Laminat sorgt für absolute Winddichtigkeit bei gleichzeitig hoher Atmungsaktivität. Ansonsten empfiehlt sich für alle Jahreszeiten zusätzlich eine dünne, atmungsaktive **Windjacke** oder eine Weste, die ebenfalls mit Windstopper-Membran ausgestattet sein sollte. Außerdem im Angebot: die Multifunktions-Radjacke mit abnehmbaren Ärmeln, Kapuze und Innenfutter.

▲ *Die Windstopper-Jacke von Gore wärmt und hält den Wind ab*

Bekleidung für die Radreise

Funktionsunterwäsche

Funktionsunterwäsche ist eine feine Sache – extrem leicht und, kaum nass geschwitzt, schon wieder trocken. Das Material besteht aus Polyamid oder Polyester. Die Hemden wiegen zum Teil unter 100 Gramm und sollten hinten länger geschnitten sein. Bei der Anprobe die Radfahrhaltung einnehmen und schauen, dass es nicht aus der Hose rausflutscht. Wer beim Radfahren stets so richtig im eigenen Saft schmort, der kann auf die Netzmodelle zurückgreifen. Ansonsten tun es die normalen Hemden, die auf der Innenseite aufgeraut sein sollten.

Zwiebelschalenprinzip
Bei kühleren Temperaturen empfiehlt sich das Zwiebelschalenprinzip. Das bedeutet, mehrere, möglichst atmungsaktive Schichten übereinander zu ziehen.

Regenbekleidung

Auch Optimisten sollten immer Regenbekleidung dabei haben. Nahezu perfekt sind die Regensachen von Gore, die aber auch ihren Preis haben: Eine lange Regenhose von Gore kostet fast 200 Euro, für die Jacken zahlt man 250 bis 300 Euro. Preisgünstige Alternativen gibt es von Vaude oder Jeantex.

▲ Sollte immer dabei sein und möglichst selten gebraucht werden: die Gore-Tex-Regenhose

> **Der Windchill-Faktor**
> *$T_{wc} = 33 + (0{,}478 + 0{,}237 * SQRT(v_w) - 0{,}0124 * v_w)(T - 33)$.*
> *Diese kryptische Zahlenfolge ist die Formel zur Berechnung des Windchills. Dieser bewirkt, dass die gefühlte Temperatur je nach tatsächlicher Außentemperatur und Fahrgeschwindigkeit sinkt. Fährt man beispielsweise bei ungefähr 15 Grad mit einer Geschwindigkeit von 20 Stundenkilometern, beträgt die gefühlte Temperatur nur noch knappe acht Grad Celsius. Wer richtig Gas gibt und Tempo 30 bei zehn Grad fährt, für den fühlt es sich an, als lägen die Temperaturen knapp über dem Gefrierpunkt. Bei der Auswahl der Radbekleidung also auch den Windchill-Faktor berücksichtigen.*

Bekleidung für die Radreise

Gore-Tex-Pflege

Gore-Tex-Klamotten bei 30 Grad mit Nikwax waschen. Keinen Weichspüler verwenden, dadurch wird die wasserdichte Oberfläche angegriffen. Wenn Gore-Tex-Bekleidung reißt, helfen im Notfall die speziell dafür entwickelten Flicken, nähen kann man das Material nicht.

▲ *Nikwax Gore-Tex-Pflegemittel*

Die Regenklamotten sollten tendenziell etwas größer gekauft werden, schließlich zieht man sie über die anderen Bekleidungsschichten.

Radschuhe und Klickpedale

Beim Fahrradfahren ist es manchmal wie im richtigen Leben. Man wünscht sich, eine feste Verbindung einzugehen. Natürlich kann man auch mit „normalen" Schuhen und Pedalen Rad fahren, doch der Unterschied zu den Klicksystemen ist immens. Der Schuh ist fest mit dem Pedal verbunden,

▲ *SPD-Radschuhe von Shimano vor der Montage der Cleats*

Montage der Cleats

Vor dem Vergnügen kommt die Arbeit, zunächst müssen die Cleats am Schuh montiert werden. Meistens ist eine Aussparung dafür in der Sohle vorgesehen, manchmal muss diese mit einem Teppichmesser ausgeschnitten werden. Die Bedienungsanleitung ist eigentlich idiotensicher, den Widerstand verstellt man dann am Pedal mit einem Inbusschlüssel.

BEKLEIDUNG FÜR DIE RADREISE

die Kraftübertragung direkter, der Tritt wird runder und Kraft sparender. Abrutschen ist nicht mehr drin, zudem kann das Pedal gezogen werden, was besonders bei Steigungen von Vorteil ist.

Beim Radreisen sollte darauf geachtet werden, dass man mit den Schuhen auch anständig gehen kann. Schließlich steigt man immer wieder mal ab, sei es nur zur Pinkelpause oder zum Eisessen. Insofern scheiden die Modelle aus dem Rennsport aus, denn mit denen geht man wegen der erhöhten Platten unter der Sohle wie auf Eiern. Die sogenannten ↗Cleats müssen so weit in die Sohle integriert sein, dass man sie eben aufsetzen kann. Vor dem Losfahren immer kurz kontrollieren, ob die Cleats frei von Dreck oder Steinchen sind. Und Vorsicht mit langen Schnürbändern. Die können sich in Kette oder Umwerfer verfangen.

Das verbreitetste Klick-System ist SPD von Shimano, ein anderes bietet die Firma Look an. Schuhe und Pedal müssen kompatibel sein, inzwischen gibt

▲ *Klassisches SPD-Klickpedal von Shimano*

▼ *Für Frischluftfanatiker: Sandale mit Cleats zum Einklicken*

Cleats
Das metallische Gegenstück zum Pedal unter dem Schuh

> 💡 **Sicher ausklicken**
> *In die gängigen Klickpedale klickt man sich von oben ein, mit einer schnellen Drehung nach außen wieder heraus. Das sollte man zunächst auf ungefährlichem Terrain üben. „Umfaller" passieren meistens beim Anhalten, wenn man nicht mehr daran denkt, dass man mit „Klickis" fährt. Deshalb sollten die Anfänger zunächst eine leichte Auslösung am Pedal einstellen.*

BEKLEIDUNG FÜR DIE RADREISE

es aber für fast alle Systeme entsprechende Adapterplatten. Wer es gerne luftig hat, für den gibt es Sandalen mit Klicksystem. Die Preise für die Schuhe bewegen sich zwischen 50 und 200 Euro, für die Pedale rund 50 Euro.

> **Plastik fantastic**
> Es geht auch preiswerter: rechts eine Plastiktüte vom Supermarkt, links eine vom Baumarkt, ein Gummiband über den Knöchel streifen – fertig sind die Einweg-Überschuhe.

Überschuhe

Meine Oma hatte früher Überschuhe aus durchsichtigem Plastik, die sie sich bei schlechtem Wetter über ihre Ausgehschuhe gezogen hat. Für Biker gibt es was Besseres: Verschiedene Hersteller bieten Überschuhe an, die entweder nur die Feuchtigkeit abhalten oder auch für warme Füße sorgen. Bei manchen Modellen müssen für die Klickpedale Löcher in die Sohle geschnitten werden, andere wiederum besitzen Aussparungen oder einen Steg an der Unterseite. Wasserdichte Gore-Tex-Überschuhe kosten bis zu 69 Euro, andere ab 29 Euro.

Handschuhe

▲ Ein Segen, wenn man wirklich mal länger bei Regen fährt: Gore-Tex-Überschuhe

Die meisten Radhandschuhe besitzen ein Gelpolster an der Handfläche, das die Stöße ein wenig abfedert. Das Material an der Handinnenfläche sollte so beschaffen sein, dass man den Lenker fest im Griff hat und nicht abrutscht. Bei Kälte oder Nässe bieten sich Handschuhe aus Gore-Tex an.

Kopfbedeckung und Tücher

Der, die oder das Buff (der Hersteller beschließt, Buff sei maskulin) ist ein Multifunktions-Teil aus Microfaser. Es kann als Piratentuch gegen die Sonnenbestrahlung, als wärmende Mütze unterm Helm oder als Halstuch benutzt werden. Auf der Verpackung des Buff sind in der Regel mehrere Wickel- und Knottechniken abgebildet.

Biker-Zubehör

Biker-Zubehör

Radbrillen

Es empfiehlt sich, eine Sonnen- bzw. Radbrille zu tragen. Zum einen, um sich gegen die UV-Strahlung zu schützen, zum anderen, um bei hohen Geschwindigkeiten das Augentränen zu verhindern. Die Gefahr, dass einem während der Fahrt Insekten oder Steinchen in die Augen fliegen, ist ebenfalls gebannt. Es gibt Modelle sowohl mit festen als auch mit austauschbaren Gläsern. Die Brille sollte nicht zu schwer sein und gut sitzen. Eine Brille, die drückt, verursacht Kopfschmerzen. Ein Modell, das zu locker sitzt, verliert man bei der ersten Bodenwelle.

Die möglichst kratzfesten Gläser nie trocken reinigen, sondern mit entsprechendem Reiniger. Da man den wohl kaum auf eine Reise mitnimmt, einfach ein paar Tropfen Wasser aus der Trinkflasche auf die Gläser geben und anschließend am Trikot-

Biker-Zubehör

Anti-Fog-Gläser *besitzen eine besondere Beschichtung aus Makrolon, einem vom Bayer-Konzern entwickelten Hightech-Material, welches das Beschlagen der Gläser verhindern soll.*

zipfel polieren. Besondere Vorsicht gilt den ↗Anti-Fog-Gläsern. Es gibt Modelle zu astronomischen Preisen – 250 bis 500 Euro –, doch schon ab 40 Euro sind reelle Brillen zu bekommen.

Helme

Vorgeschrieben ist es nicht, beim Radwandern einen Helm zu tragen. Aber ich fühle mich einfach wohler – z. B. auf den Abfahrten, wenn bei geübten Bikern Tempo 70 und mehr durchaus drin ist. Mehr als die Hälfte aller Radfahrer zieht sich bei Unfällen Kopfverletzungen zu. Eine Binsenweisheit lautet: Jeder Helm ist besser als kein Helm. Qualitätsunterschiede gibt's dennoch.

Crashtest
Dafür, dass der Helm dem Crash standhält, sorgt die Europäische Norm (EN 1078), die jedes Modell einem strengen Sicherheits-Check unterzieht.

Die meisten Helme werden heute im „In-moulding"-Verfahren hergestellt. Bei dieser Technik wird das dämmende Styropor direkt in die äußere Kunststoffschale eingespritzt, was zu höherer Steifigkeit führt. Erst damit ist auch eine anständige Belüftung gewährleistet. Mehr als 300 Gramm muss

▶ *Lieber mit: Die Statistiken besagen, dass über 75 Prozent aller Schädelbrüche beim Radfahren durch das Tragen eines Helms verhindert werden könnten*

BIKER-ZUBEHÖR

ein Helm nicht wiegen, mehr als 75 Euro nicht kosten. Er sollte eng am Kopf anliegen, aber nicht drücken. Die Riemen sollten stramm gezogen sein, ohne einzuschneiden, und um das Ohr ein Dreieck bilden.

Der Helm muss absolut waagerecht sitzen, also weder in den Nacken kippen noch in die Stirn fallen. Testen Sie, indem Sie mit dem Helm auf dem Kopf kräftig nicken. Hat man mit einem Helm einen richtigen Crash gebaut, gibt es nur eine vernünftige Lösung: Es muss ein neuer her, auch wenn äußerlich nichts zu sehen ist. Auch extreme UV-Bestrahlung soll angeblich dazu führen, dass die Schutzwirkung gen Null tendiert. Die Hersteller empfehlen, nach rund drei bis fünf Jahren ein neues Modell zu kaufen. Unterstellen wir in diesem Fall, dass sie nur unser Bestes wollen.

▲ Schützende Überzieher für den Helm

Trinkflaschen

Flaschenhalter sind ein absolutes Muss. Möglichst zwei Stück, die Bohrungen dafür sind an fast jedem Rahmen vorhanden. Es gibt sie aus Aluminium, Kunststoff und für die Puristen sogar aus Carbon.

Kunststoff oder Aluminium? Das ist vor allem bei den Flaschen die entscheidende Frage. Alu ist schwerer, das Ventil klemmt häufiger als an den Plastik-Modellen. Dafür müffeln sie weniger als die Plastikflaschen. Doch auch hier tut sich etwas. Immer mehr Her-

Keine Chance den Keimen

Alle Trinkflaschen müssen regelmäßig und gründlich gereinigt werden. Nicht mit kaltem, sondern mit kochend heißem Wasser ausspülen. Sonst bilden sich Millionen von Keimen. Geheimtipp Nummer 1: In Wasser und Backpulver einweichen. Geheimtipp Nummer 2: Kukident-Tabletten in der Flasche auflösen. Auch die Hersteller bieten inzwischen Bottle-Clean-Tabletten an.

BIKER-ZUBEHÖR

▲ Zwei Flaschen von diesem Kaliber (ca. 0,75 Liter) sollte man schon am Rad haben

▲ Wenn der Durst kommt und man beide Hände braucht: kein Problem mit Trinkrucksack

steller versprechen geruchsarme und geschmacksneutrale Trinkflaschen aus Kunststoff.

Manche schwören auf Alu, weil sich darin der morgens gekochte Tee angeblich mittags noch heiß trinken lässt. Das allerdings ist Quatsch, so etwas schaffen nur echte Thermoskannen. Die meisten Trinkflaschen sind inzwischen resistent gegen Frucht- und Kohlensäure. Trotzdem nicht randvoll mit Sprudeligem füllen.

Eine Alternative sind Flaschenhalter für die 1-Liter-PET-Flaschen aus dem Supermarkt. Eine andere die **Trinkrucksäcke.** Die Trinksysteme bzw. Reservoirs sind entweder in einen Bikerrucksack integriert oder auch solo zu bekommen. Das Fassungsvermögen beträgt zwei bis drei Liter. Über ein sogenanntes Beißventil am Schlauchende reguliert man die Flüssigkeitszufuhr. Tropfsicherheit durch einen sogenannten HydroLock-Verschluss sollte gewährleistet sein.

Diebe beißen auf Granit
In puncto Sicherheit und Handhabung gab die Stiftung Warentest dem Modell Granit X-Plus von ABUS die besten Noten.

Fahrradschlösser

Die meisten sicheren Bügelschlösser nehmen nicht viel Platz weg, weil sie in einer Halterung am Ober- oder Unterrohr montiert werden. Allerdings wiegen die Dinger Tonnen. Eine Alternative zu den Bügelschlössern für unterwegs scheint mir ein hochwertiges Spiralschloss mit Schlüssel oder mit Zahlenkombination zu sein.

Radcomputer

Bits and Bikes

Was war ich stolz, als ich als Zehnjähriger zum ersten Mal einen Tacho am Rad hatte. Das Gerät zeigte die gefahrene Geschwindigkeit mittels einer Tachonadel auf ungefähr 10 km/h „genau" an. Gut dreißig Jahre später heißen die Dinger nicht mehr Tacho sondern Radcomputer.

2RU, SCAN, DUG, ETP???

Auch wenn die Menüführung in deutscher Sprache ist, wird sich der Laie über die kryptischen Abkürzungen wundern. Hier die Übersetzung:

2RU	*Zwei Radumfänge speicherbar*
ABD	*Abweichung Durchschnittsgeschwindigkeit*
ATM	*Automatische Messung*
DAS	*Datenaufzeichnung*
DUG	*Durchschnittsgeschwindigkeit*
ETP	*Etappenkilometer*
FIT	*Fitnesstest*
GEZ	*Gesamtfahrzeit*
GRU	*Grundfunktionen*
HOH	*Höhenmesser*
HRZ	*Herzfrequenzmessung*
MAG	*Maximale Geschwindigkeit*
PCA	*PC-Auswertung und Software*
POW	*Leistungsmessung*
SCAN	*Automatischer Anzeigenwechsel*
SLP	*Schlafmodus*
SPR	*Spracheinstellung*
SSM	*Stromspar-Modus*
STP	*Stoppuhr*
TEM	*Temperatur*
TRI	*Trittfrequenz*

RADCOMPUTER

> **Abrollumfang ermitteln**
>
> Die Montage der Radcomputer ist nicht ganz ohne, sollte aber ohne Hilfe vom Fachmann zu bewerkstelligen sein. Die Hersteller liefern eine Tabelle, in der die Radumfänge der verschiedenen Reifengrößen aufgelistet sind. Darauf sollte man sich jedoch nicht verlassen. Vielmehr kann man ihn selbst ermitteln. Entweder markiert man eine Stelle am Vorderreifen oder aber man richtet ihn so aus, dass das Ventil senkrecht steht. An dieser Stelle macht man einen Strich auf dem Boden. Dann rollt man den gut aufgepumpten Reifen - am besten unter Last - einmal, bis die Markierung am Reifen wieder in der gleichen Position ist, also eine Radumdrehung hinter sich hat. Auch dort zeichnet man die Stelle an. Der Abstand zwischen den beiden Punkten auf dem Boden ergibt den Abrollumfang, den man dann nach Anleitung in den Radcomputer eingibt.

Die Standardmodelle zeigen die Uhr- und die Fahrzeit an, außerdem die gefahrenen Gesamt-Kilometer. Zudem lassen sich die Tageskilometer ablesen, das schnellste an dem Tag gefahrene Tempo und die Durchschnittsgeschwindigkeit. Doch es gibt auch Modelle, die neben der Temperatur auch noch die Tritt- und die Herzfrequenz anzeigen und sowohl Höhenmeter als auch die aktuelle Steigung bzw. das Gefälle ermitteln.

Während man für einfache Radcomputer um die 20 bis 30 Euro berappen muss, kosten die Hightech-Geräte 100, zum Teil über 300 Euro. Achten sollte man auf die Bedienungsfreundlichkeit und dazu gehört nun mal eine verständlich geschriebene Anleitung. Außerdem sollten Buchstaben und Ziffern auf dem Display auch bei Sonnenlicht gut lesbar, die Tasten groß genug bzw. gut zu bedienen sein. Die meisten Modelle ermitteln die Daten mittels eines Speichenmagneten, eines Senders, der an der Gabel befestigt wird, und einer zum Computer führenden Kabelverbindung. Praktischer, aber auch teurer, sind die schnurlosen Funk-Geräte.

Fern gesteuert – mit GPS auf Tour

Ich bin trotz gelegentlicher Irrfahrten nach wie vor ein beinharter Fan von herkömmlichen Land-

RADCOMPUTER

karten. Wie sagte doch der weltberühmte Geiger und Dirigent Yehudi Menuhin einmal sinngemäß: Das Schönste in seinem Leben seien die Umwege gewesen, die er nehmen musste. Dennoch kann ich den Nutzen der GPS-Geräte nicht abstreiten. Nicht nur im Auto hat sich das „Navi" inzwischen durchgesetzt, auch dem Tourenradler leistet es inzwischen „himmlischen" Beistand.

Allerdings macht es kaum Sinn, einfach einen Zielort einzugeben und sich fortan blind auf die Stimme einer jungen Dame zu verlassen. Navigationsgeräte, die für Pkw entwickelt wurden, taugen definitiv nicht für den Einsatz auf dem Fahrrad. Schließlich will man nicht unbedingt so schnell wie möglich ans Ziel kommen, sondern man ist auf der Suche nach verkehrsarmen und landschaftlich reizvollen Strecken.

Diese findet man u. a. im Internet, wo inzwischen eine Unmenge von Routen angeboten wird. Man kann sie in der Regel kostenlos downloaden und

▼ *Das Geko 301 von Garmin ist ideal für Outdoor-Touren*

RADCOMPUTER

Literaturtipp
„Orientierung mit Kompass und GPS" von Rainer Höh, REISE KNOW-HOW Verlag, Bielefeld. Grundlagen, Gerätekunde und praktische Anwendung im Outdooralltag.

Signale aus dem All
GPS steht für Global Positioning System und ist ein Satellitensystem, das ursprünglich vom Pentagon installiert wurde, um die Steuerung von Militärfahrzeugen und Waffensystemen zu vereinfachen. 24 umlaufende Satelliten in etwa 20.000 km Höhe senden hochfrequente Signale aus, eine Ortsbestimmung mit Angabe der geografischen Koordinaten auf der Erdoberfläche ist bis auf wenige Meter genau möglich. „Sendepause" ist im Tunnel, aber auch im Wald, an manchen Stellen im Gebirge oder zwischen hohen Häuserschluchten.

auf sein GPS-Gerät übertragen. Oder aber man plant mit Hilfe einer digitalen Karte am heimischen PC seine Wunschroute, gibt die Daten ins GPS-Gerät ein, um sie dann nachzufahren. Mit dieser sogenannten Track-Navigation entfällt unterwegs der Blick in die Karte, das „Navi" gibt zuverlässig die Richtung an. Zudem können die mit einem GPS-Gerät abgefahrenen Routen gespeichert und bei der nächsten Tour wieder verwendet werden.

Die für Radfahrer tauglichen Geräte haben ungefähr die Größe eines Handys. Für die meisten Modelle gibt es inzwischen passable Halterungen. Gut getestete „Fahrrad-Navis" von Garmin oder Magellan beginnen bei 250 Euro, dazu kommen die Kosten für spezielle Software und/oder digitale Karten. Praktischer Nebeneffekt: Das GPS-Gerät sucht und findet unterwegs sogenannte Points of Interests (POI) sowie Restaurants oder Hotels und erstellt zudem, wenn alles reibungslos funktioniert, zuverlässige Höhenprofile.

Routen aus dem Netz
Im Internet werden viele Routen angeboten, die man sich auf den eigenen PC downloaden und dann auf sein GPS-Gerät übertragen kann. Zum Beispiel unter www.gps-tracks.com, www.tourfinder.net, www.gpsies.com, www.bikemap.net, www.bike-gps.de

Campingausrüstung

Voraussetzung für die ferngesteuerte Radtour ist in jedem Fall eine gewisse Affinität zur Technik. Wer schon mit dem Computer auf Kriegsfuß steht, sollte die Finger von der GPS-Technik lassen. Es warten reichlich Tücken bei der Installation und bei der Datenübertragung. Selbst Spezialisten sollten unterwegs zur Sicherheit immer eine Landkarte dabei haben.

Campingausrüstung

Wer lieber in der freien Wildbahn oder auf dem Campinglatz schläft muss einiges mehr an Equipment dabei haben. Zelt, Schlafsack und Isomatte sind dabei die wichtigsten Utensilien.

Zelt

Sind Sie gerade beim täglichen Einkauf, dann nehmen Sie doch eben noch ein Zelt mit. Preisgünstige Zelte zwischen 20 und 50 Euro gibt es beim Discounter nebenan. Abstriche bei Material, Handhabung und Lebensdauer muss man dann allerdings machen. Wer etwas Besseres will, geht zum Outdoor-Händler seines Vertrauens. Für ein qualitativ hochwertiges 2–3-Personenzelt sind um 150 bis 300 Euro fällig.

Literaturtipp
„Wildnis-Ausrüstung"
von Rainer Höh,
REISE KNOW-HOW
Verlag, Bielefeld.
Von Bekleidung
bis zum Zelt und
Zubehör: Grundlagen, Materialien,
Auswahlkriterien
und Kauftipps.

◀ *Schlafzimmer und Garage in einem: Basedome II von Vaude*

CAMPINGAUSRÜSTUNG

Durchgesetzt haben sich vor allem die **Kuppelzelte,** die man gemeinhin auch Iglu-Zelt nennt. Grundsätzlich sollte das Außenzelt wasserdicht, reißfest und UV-beständig sein. Eine gute Belüftung ist wichtig, damit das Kondenswasser zwischen Außen- und Innenzelt schnell abtrocknet. Das Innenzelt muss aus einem atmungsaktiven, schnell trocknenden Material gefertigt sein. Ein Insektennetz vor dem Eingang ist eine feine Sache, weil dadurch Licht ins Zeltinnere gelangt, die lästigen Viecher aber draußen bleiben. Vaude, Jack Wolfskin oder Tatonka bieten die ganze Palette an Outdoor-Behausungen an.

> **Für heiße Nächte**
> *Wenn auch nachts eher tropische Temperaturen herrschen, sollte man sich entweder einen leichten Seidenschlafsack zulegen (kann auch als Inlet bei Kälte benutzt werden) oder einfach einen Bettbezug mitnehmen.*

Die sogenannten **Tunnelzelte** sind so konzipiert, dass man sogar bei starkem Wind auf Abspannleinen verzichten kann. Ein Segen vor allem für die-

▼ *Zeltplatz eines „Lonesome Rider"*

Campingausrüstung

jenigen, die nachts öfter raus müssen und so nicht mehr über das Gewirr von Leinen stolpern können.

Bei einem **Probeaufbau** findet man gleich eventuelle Tücken, aber auch die Vorteile des Zeltes heraus. Gute Outdoor-Geschäfte bieten sogar Leihzelte an.

Schlafsack

Die zu erwartenden Temperaturen auf der Radreise sind mitentscheidend für die Wahl des Schlafsacks. Warm halten sowohl die Daunenschlafsäcke als auch die Modelle aus Kunstfaser. Die Hersteller machen genaue Angaben, für welchen Temperaturbereich ihre Produkte geeignet sind.

Daunenschlafsäcke sind in punkto Gewicht und Volumen unschlagbar. Die Spitzenmodelle können bis auf die Größe eines Toastbrots zusammengeknüllt werden, viel mehr wiegen sie auch nicht. Die meisten Menschen fühlen sich in Daune wohler als in Kunstfasern. Daunenmodelle saugen sich allerdings bei Feuchtigkeit voll. Das mindert den Schlafkomfort und nervt, wenn man morgens schnell losfahren will. Da liegt der Vorteil bei der **Kunstfaser.**

Mumienschlafsäcke sind eng geschnitten, was zur Folge hat, dass es darin schneller warm wird. Wer jedoch Bewegungsfreiheit braucht, der sollte einen gerade geschnittenen Schlafsack oder einen in Eiform wählen. Auf jeden Fall sollte er einen **Wärmekragen** und eine **Kapuze** haben.

Mir ist es wichtig, dass der Schlafsack einen **Zweiwege-Reißverschluss** hat, damit auch die Füße

▲ *Links: Schlafsack Sherpa. Kann, aber muss nicht im Himalaya benutzt werden. Rechts: Sherpa Comfort bietet ein wenig mehr Beinfreiheit als der Mumienschlafsack*

Campingausrüstung

> **Schlafsack-Reinigung**
> *Daunenschlafsäcke zu waschen ist eine Wissenschaft für sich. Daher mein Tipp: Bringen Sie das gute Stück in die chemische Reinigung. Hinterher ist es wie neu, den Daunen schadet es nicht – dem Geldbeutel nur ein bisschen, denn die Reinigungsbetriebe verlangen um die 25 bis 30 Euro dafür. Die Dinger aus Kunstfaser machen weniger Probleme, 30 Grad einstellen, Fein- oder spezielles Waschmittel (Nikwax) einfüllen und ab in die Maschine.*

Locker lagern
Wenn der Schlafsack nicht im Einsatz ist, sollte er an einem trockenen Ort ausgebreitet oder locker in einem Bettbezug gelagert werden.

belüftet werden können. Außerdem finde ich es sehr praktisch, wenn der Reißverschluss so eingenäht ist, dass man den Schlafsack ganz öffnen und als Decke benutzen kann.

Für einen Schlafsack kann man Unsummen ausgeben. Doch für ca. 200 Euro sollte es möglich sein, das passende Modell in guter Qualität zu finden.

Schlafmatten

Ein noch so toller Schlafsack nützt nur wenig, wenn man nichts gegen die vom Boden hochkriechende Kälte unternimmt. Dafür gibt's die Schlafmatten, allgemein **Isomatten** genannt. Der Klassiker besteht aus Polyethylen-Schaumstoff und kostet nicht viel. Man kann aber auch 30 bis 50 Euro dafür ausgeben. Man sollte darauf achten, dass die Matte rutschfest und wasserabweisend ist. Auch Zweischicht-Isomatten mit einer härteren und einer weicheren Seite sind im Angebot. Die Schaumstoffmatratzen sind mit circa 300 bis 500 Gramm sehr leicht und ruckzuck zu verstauen.

Da hat man mit den **selbstaufblasenden Modellen** schon ein wenig mehr zu tun. Zum „Aufblasen" muss man nichts weiter tun, als das Ventil zu öffnen.

Campingausrüstung

Die Luftkammer füllt sich; anschließend einfach den Verschluss zudrehen. Um die Luft wieder herauszubekommen, muss das Ventil wieder geöffnet und die Matte zusammengerollt werden. Das klappt nicht immer auf Anhieb. Bis man so einer Billig-Matte endlich die Luft abgerungen und sie aufgerollt hat, sind die Kollegen schon mal zehn Kilometer weiter geradelt.

Der Schlafkomfort auf den selbstaufblasenden Matten ist hoch, weil Unebenheiten sehr gut ausgeglichen werden. Qualität hat ihren Preis: Gute Selbstaufbläser kosten um die 60 bis 100 Euro. Erfahrene Outdoor-Biker schwören auf die Marke Therm-A-Rest.

Die Radreise-Küche

„Mitten in der Pampa" ein Lager aufzuschlagen und über dem Lagerfeuer oder dem Kocher ein Abendessen zu zaubern – das ist kaum zu toppen. Wenn es nicht gerade regnet, einen die Mücken auffressen oder der Bauer seine Gülle quasi aufs Zelt kippt. Mit dem gleichermaßen praktischen und romantischen Lagerfeuer klappt es nicht immer – unbedingt an die Sicherheitsvorschriften halten! –, daher ein paar Tipps zum Thema Kocher und Kochutensilien auf der Fahrradtour.

- Es gibt **Hightech-Benzinkocher,** zum Beispiel den Dragonfly von MSR, die jedoch zwischen

---

Knete-Essen

Ich halte nichts von diesem Trekking-Tütenfraß. Es gibt sogar Gerichte, die nur dadurch, dass man die Tüte mit den Händen durchknetet, erwärmt werden. Pfui Teufel. Ich kaufe lieber möglichst frische Produkte ein, wenn es nicht mehr weit bis zum Nachtlager ist.

Campingausrüstung

150 und 170 Euro kosten. Die kleinen **Campinggas-Kartuschenkocher** für 20 Euro tun es auch, sie sind allerdings nicht gerade Leichtgewichte. Das ist beispielsweise der Markill Spider, der zusammengeklappt im Trinkbecher Platz findet. Ein Raumwunder ist auch der Klassiker aus Schweden, der Trangia-Sturmkocher, den es als spiritus- und als gasbetriebenes Modell gibt. Zudem ist der Trangia relativ günstig. Reichlich Infos und Testergebnisse zu diesem Thema findet man im Internet unter www.outdoor-magazin.com.

- Ansonsten habe ich ein **Taschenmesser** mit Dosen- und Flaschenöffner dabei, **Löffel und Gabel,** einen **Teller** aus Melamin, einen **Becher,** der für Kaffee, Suppe und Rotwein herhalten muss.
- Einen oder zwei **Alu-Töpfe,** die ineinander passen sollten (Trangia-Topfset). Die Töpfe sollten einen Deckel haben, den man zur Not auch mal als kleine Pfanne benutzen kann.

▼ *Bikers Waschmaschine und Trockner. Mit dem Haushalt auf Radtour muss man oft improvisieren*

DIE REISEAPOTHEKE

- Salz und Pfeffer kann man in den äußerst praktischen und individuell befüllbaren **Gewürzspender** mit bis zu zwölf drehbaren Gewürzfächern integrieren oder in Filmdosen abfüllen.
- Weiteres sinnvolles Equipment: Faltkanister, Vorratsdosen, Micropur-Tabletten zur Trinkwasseraufbereitung, Abwaschschwamm, Handtücher.

Zum **Abwaschen** nehme ich Wasser, trockenes Gras und Sand – oder mein Duschgel ist so beschaffen, dass es auch als Spülmittel taugt. Man will ja Gewicht sparen.

Verzichten kann ich gut auf das spezielle Outdoor-Weizenbierglas aus Plastik. Und auf die Faltschüssel, die man nach Meinung der Hersteller zum Sockenwaschen und Hundefüttern, dann umgedreht als Salatschüssel benutzen kann. Na Mahlzeit, wenn man das mal durcheinander kriegt.

Die Reiseapotheke

Wer gesund in die Tour startet und sich in „zivilisierten" Gegenden bewegt, dem reicht die klassische Fahrrad-Apotheke. Immer an Bord sein sollte Pflaster und Verbandmaterial. Der Arzt oder Apotheker rät zu folgender Ausstattung:
- zwei komplette Verbandpackungen mit Mullbinde und steriler Wundauflage
- desinfizierendes Spray
- jodhaltige Wundsalbe, am besten Betaisodona
- Salbe gegen Verstauchungen. Grundsätzlich gilt bei stumpfen Verletzungen in den ersten 24 Stunden: Kühlen, kühlen, kühlen. Ab ins nächste Café. Fragen Sie nach einer Plastiktüte mit Eiswürfeln. Meistens bekommen Sie noch eine Menge gut gemeinter Ratschläge dazu.
- eine elastische Binde

DIE REISEAPOTHEKE

▲ *Fertiges Erste-Hilfe-Set. Sollte unbedingt nach den eigenen Bedürfnissen erweitert werden*

- Mittel gegen Durchfall: Die gängigsten Medikamente sind Lopedium oder Perenterol.
- eine Packung Schmerztabletten
- ein Mittel gegen Insektenstiche und etwas, was einem die Viecher schon vorher vom Leib hält. Die Moskitos kommen vor allem in der Dämmerung. Das bekannteste Mittel stammt von der Firma Autan, das Produkt „Family" hat in Tests sehr gut abgeschnitten. Viele Produkte riechen lecker nach ätherischen Ölen – wirklich helfen tun sie nicht. Ich nehme Nelkenöl. Gibt es in der Apotheke, kostet nicht die Welt und an den Geruch kann man sich gewöhnen. Auch der Verzehr von reichlich Knoblauch soll Mücken abschrecken – aber vielleicht auch den Partner.

Au Backe

Selbst bei der sorgfältigsten Wahl des Sattels und optimaler Einstellung der Sitzposition ist der Radler nicht gegen Sitzprobleme gefeit. Während sich an Füßen und Händen auf der menschlichen Haut Hornhaut bildet, tut es das am Allerwertesten nicht. Wer um seine Probleme weiß, der sollte die entsprechenden Bereiche schon vorher einreiben. Sixtuwohl bietet eine spezielle Sitzcreme an, auch der Bike-Spezialist Gonso. In den meisten Fällen müsste eine einfache unparfümierte Creme ausreichen. Es sollte kein reines Fett wie Vaseline draufgeschmiert werden, denn das verschließt die Poren, es gelangt kein Sauerstoff mehr an die Haut und Giftstoffe können nicht mehr abtransportiert werden. Wenn alles zu spät ist, helfen Sitzbäder mit Kamille-Wirkstoffen oder heilungsfördernde und desinfizierende Mittel wie zum Beispiel Mirfulan. Und wenn auch das nichts bringt, gönnen Sie sich ein paar Tage Ruhe. Wenn Sie gerade am Meer sind, umso besser – Salzwasser hilft. Und je luftiger die Kleidung an den Problemzonen, desto besser.

PACKLISTE

Packliste für die kurze „Scheckkarten-Tour"

Fahrrad

- ❏ *zwei separate Packtaschen für hinten*
- ❏ *evtl. Lenker- bzw. Satteltasche*
- ❏ *Flaschenhalter*
- ❏ *Radcomputer*
- ❏ *Beleuchtung*
- ❏ *Schloss*
- ❏ *Trinkflaschen (und -halter)*
- ❏ *Mini-Luftpumpe*
- ❏ *evtl. GPS-Empfänger*

Bekleidung

- ❏ *Kurze Radhose*
- ❏ *lange Hose oder Beinlinge*
- ❏ *zwei Trikots*
- ❏ *Armlinge*
- ❏ *Radsocken*
- ❏ *Regenhose*
- ❏ *Regenjacke bzw. regendichte Windjacke*
- ❏ *Fahrradschuhe*
- ❏ *Helm*
- ❏ *evtl. Radhandschuhe*
- ❏ *evtl. Überschuhe*
- ❏ *Hose*
- ❏ *Pullover*
- ❏ *Jacke*
- ❏ *T-Shirts/Hemden*
- ❏ *Unterwäsche*
- ❏ *Socken*
- ❏ *Badezeug*
- ❏ *evtl. Microfaser-Handtuch*
- ❏ *evtl. extra Schuhe*

Die Ausrüstung

Packliste

Werkzeug und Ersatzteile

- *Flickzeug*
- *Ersatzschlauch*
- *umfangreiches Multitool*
- *Reifenheber*
- *Gewebeklebeband*
- *Kettenglied*

Sonstiges

- *Sonnenbrille*
- *Sonnencreme*
- *Waschutensilien*
- *Taschenmesser oder Leatherman*
- *Feuerzeug*
- *Taschenlampe*
- *evtl. Akkus/Ersatzbatterien*
- *Kamera*
- *Kartenmaterial*
- *Reiseführer*
- *Reiseunterlagen*
- *Geld*
- *Handy*
- *Kugelschreiber*
- *Plastiktüten*
- *evtl. Spanngurte*
- *evtl. Bücher*

Radapotheke

- *Pflaster/Verbandszeug*
- *Desinfektionsspray*
- *Insektenschutzmittel*
- *Antidurchfallmittel*
- *Schmerztabletten*
- *Wundsalbe*
- *Sportsalbe*

Packliste für die lange Radreise mit Zelt

Fahrrad

- zwei separate Packtaschen für hinten
- evtl. Lenker- bzw. Satteltasche und Packtaschen für vorne
- Radcomputer
- Beleuchtung
- Luftpumpe
- Schloss
- Trinkflaschen (und -halter)
- Packsäcke
- evtl. GPS-Empfänger

Radbekleidung

- kurze Radhose
- lange Hose oder Beinlinge
- zwei Trikots
- Armlinge
- Radsocken
- Regenhose
- Regenjacke bzw. regendichte Windjacke
- Fahrradschuhe
- Helm
- evtl. Radhandschuhe und Überschuhe

Sonstige Bekleidung

- Hose
- Pullover
- Jacke
- T-Shirts/Hemden
- Unterwäsche
- Socken
- Badezeug
- Schuhe

Packliste

Camping- und Kochzubehör

- Zelt
- Schlafsack
- Isomatte
- Reparaturset für das Zelt
- Kocher inklusive Kartusche
- Geschirr und Besteck
- Wäscheleine
- evtl. Vorratsdosen
- faltbarer Wasserkanister
- Wasserfilter
- Geschirrhandtuch
- Abwaschschwamm

Lebensmittel-Grundausstattung

- Gewürze, Salz, Pfeffer, Öl, Essig, Knoblauch
- evtl. Tütensuppen
- Tomatenmark

Werkzeug und Ersatzteile

- Flickzeug
- Ersatzschlauch
- Multitool
- Reifenheber
- Gewebeklebeband
- faltbarer Ersatzreifen
- Öl
- Lappen
- Kettennieter und Speichenschlüssel
- passende Maul- oder Ringschlüssel
- Ersatzschrauben
- Ersatzspeiche
- Ersatzzüge für Bremse und Schaltung
- Ersatzbremsbacken
- Ersatzkettenglied

Packliste

Sonstiges

- *Sonnenbrille*
- *Sonnencreme*
- *Waschutensilien*
- *Microfaser-Handtücher*
- *Taschenmesser oder Leatherman*
- *Feuerzeug*
- *Taschenlampe*
- *evtl. Akkus/Ersatzbatterien*
- *Fotoapparat, ggf. Filme*
- *Kartenmaterial*
- *Reiseführer*
- *Reiseunterlagen*
- *Bücher*
- *persönliche Unterlagen (Führerschein, Impfausweis, Reisepass ggf. mit Visum, Passfoto)*
- *Geld*
- *Handy (wichtige Nummern im Telefonbuch gespeichert)*
- *Kugelschreiber*
- *Papier*
- *Nähzeug*
- *Gore-Tex-Reparaturset*
- *evtl. Geheimversteck für Geld*
- *Taschentücher bzw. Toilettenpapier*
- *Plastiktüten*
- *evtl. MP3-Player inklusive Kopfhörer*

Radapotheke

- *Pflaster/Verbandzeug*
- *Desinfektionsspray*
- *Insektenschutzmittel*
- *Antidurchfallmittel*
- *Schmerztabletten*
- *Wundsalbe*
- *Sportsalbe*

UNTERWEGS

Unterwegs

Verpflegung

Essen

Keine Bange, Sie müssen als Radtourist nicht schon morgens tellerweise Nudeln verputzen wie die Profis. Doch für alle empfiehlt es sich gleichermaßen, den Tag mit einem vollständigen, aber keinesfalls zu üppigen oder fetthaltigen **Frühstück** zu beginnen. Müsli ist optimal, Vollkornbrot, Rührei in Maßen und Früchte sind immer okay. Kaffee auch, denn die Theorien, nach denen Kaffee dem Körper Wasser entziehen soll, sind nach neuesten Erkenntnissen widerlegt.

Für **unterwegs** kann man sich ein paar leckere Teilchen zubereiten wie zum Beispiel Croissants mit Frischkäse und Schinken – übrigens auch der Lieblingssnack vieler Radprofis. Ansonsten nehmen Sie kohlenhydratreiche Riegel oder Obst mit auf die Etappe. Die Banane ist immer noch das Nonplusul-

▼ *Alles Banane? Von wegen. Für unterwegs immer noch die beste Radlerverpflegung*

Verpflegung

> **Sprit für die Muskeln**
>
> *Bei kräftezehrenden Etappen kommt es darauf an, den Körper mit Kohlenhydraten zu versorgen. Diese sichern bei Belastung die Energieversorgung und sorgen dafür, dass die Blutzuckerkurve über einen relativ langen Zeitraum konstant bleibt. Kohlenhydrate sind sozusagen der Sprit für die Muskeln. Man spricht von komplexen Kohlenhydraten (Nudeln, Kartoffeln, Reis), die relativ langsam in den Blutkreislauf gelangen und von einfachen Kohlenhydraten wie Traubenzucker. Dieser gibt schnell Power, hält aber nicht lange vor. Weil der Körper gleichzeitig mehr Insulin ausschüttet, fällt der Blutzuckerspiegel genauso schnell wieder ab, wenn es keinen Nachschub an Süßigkeiten gibt. Wenn schon Zucker, dann in Verbindung mit eiweiß-, fett- oder stärkehaltigen Speisen. Insgesamt sollte mehr als die Hälfte der Nahrung aus Kohlenhydraten bestehen, die komplexen Kohlenhydrate sollten sich dabei in der Zweidrittel-Mehrheit befinden.*

▼ *Energieriegel mit Schokolade. Lecker, aber im Sommer nahezu untauglich für die Radreise*

tra für den Radfahrer. Wer ein „anständiges" **Mittagessen** zu sich nehmen will, sollte sich für Salat, leichte Nudel- oder Reisgerichte entscheiden.

Abends folgt dann das redlich verdiente Festmahl. Ob am Zelt selbst zubereitet oder im Restaurant kredenzt – Radwandern soll Spaß machen, und für mich gehört gutes Essen der jeweiligen regionalen Küche dazu.

Mit **extrem fetthaltiger Nahrung** sollte man vernünftigerweise sparsam umgehen. Aber wer ist schon immer vernünftig? Wem während der Fahrt nach einem Stückchen Torte ist, der soll es sich gönnen. Wer sich allerdings mittags eine Riesenportion Eisbein reinhaut, wird es an der nächsten Steigung

Verpflegung

merken. Wenn er sich überhaupt ob der einsetzenden Trägheit noch aufs Rad setzt.

Die Zufuhr von **Eiweißen** muss nicht bewusst gesteuert werden. Die rund 15 Prozent benötigten Proteine werden über die normale Nahrung aufgenommen. Die Zeiten sind vorbei, in denen Sportler ein saftiges Steak als ideale Ernährung auf den Teller bekamen.

> **Kalorienverbrauch – doppelt und dreifach**
> *Im Durchschnitt verbraucht der Mensch täglich zwischen 2000 und 2500 Kilokalorien (kcal). Tourenradler kommen auf 3000 bis 5000. Der Kalorienverbrauch der Radprofis auf einer schweren Bergetappe liegt bei bis zu 10.000 kcal.*

Trinken

Vor allem ist es angesagt, viel zu trinken. Ich habe stets zwei Flaschen am Rad. Eine mit reinem Mineralwasser, die andere mit einer Mischung aus Basica-Sport-Pulver, Wasser und Fruchtsaft. Darin ist alles enthalten, was der Körper braucht. In den bunten Energy-Mixturen aus dem Supermarkt ist meistens nur Zucker und sie schmecken wie Hubba-Bubba-Kaugummi in flüssiger Form.

Am wichtigsten ist es, dass Sie überhaupt etwas für Ihren Flüssigkeitshaushalt tun – bereits vor dem Losfahren, später in regelmäßigen Dosen. Besonders im Sommer oder bei strapaziösen Berg-Tou-

▶ *Pinkelpause: Die meiste Flüssigkeit schwitzt der Reiseradler wieder aus, aber eben nicht alles*

VERPFLEGUNG

▲ *Prost! Wenn es denn sicher ist, dass es sich um Trinkwasser handelt*

ren kommt da einiges zusammen. Jan Ullrich hat während des Straßenrennens bei den Olympischen Spielen in Athen 20 Liter getrunken. So viel braucht der Radwanderer nicht. Bei normaler Belastung reicht ein Viertelliter Mineralwasser, Schorle oder ein anderes elektrolythaltiges Getränk pro Stunde.

Direkt nach der Tour trinke ich am liebsten einen Milchkaffee und eine Cola. Und irgendwann ein Bier. Was vom ernährungswissenschaftlichen Standpunkt nicht wirklich Sinn macht. Denn obwohl Bier einige Mineralstoffe enthält, verlängert Alkohol grundsätzlich die Regenerationszeit. Aber Radwandern ist ja auch keine Wissenschaft, sondern das pure Vergnügen – und das kann ein frisch gezapftes Pils schließlich auch sein.

Gefahrenquelle Wasser

Der Radfahrer trinkt so lange aus dem Brunnen, bis er bricht (oder Durchfall bekommt). Achtung bei Wasserstellen am Wegesrand! Nicht immer ist das kühle Nass zu genießen. Manchmal weisen eindeutige Symbole darauf hin, ob es sich um Trinkwasser handelt, manchmal sind Schilder in der Landessprache angebracht. In Frankreich heißt Trinkwasser „eau potable", in Italien „aqua potabile", in Spanien „agua potabil".

Sicher Radreisen

Das Radwandern könnte noch ein bisschen schöner sein, wenn es die Autos nicht gäbe. Ich will nicht das gängige Feindbild überstrapazieren, aber es gibt sie nun einmal – die rücksichtslosen Autofahrer, für die Radler Verkehrsteilnehmer 2. Klasse sind. Doch selbst wenn die motorisierten Verkehrsteilnehmer sich nicht wie „Rambos" benehmen, stellt der Autoverkehr eine Gefährdung dar. Autofahrer sind in der Regel die Stärkeren. Bleibt dem Radfahrer also die Rolle des Klügeren.

▼ *Achtung Linksverkehr*

Sicher Radreisen

Vorausschauend fahren

Am sichersten ist der Radwanderer auf den **Radwegen,** auf denen der Pkw-Verkehr nichts zu suchen hat. Doch schon auf den sogenannten Straßen begleitenden Radwegen ist Vorsicht geboten: Autofahrer, die aus Einfahrten schießen, Rechtsabbieger, die den Radler übersehen. Wichtig ist es deshalb, vorausschauend zu fahren. So, dass man im Grunde genommen hinter jeder schlecht einsehbaren Querverbindung ein Fahrzeug vermutet. Die Kunst besteht darin, trotzdem noch entspannt Rad zu fahren. Auch auf Schlaglöcher, herausstehende Gullydeckel oder auf Rutschbahnen durch beispielsweise nasses Laub sollten Sie stets gefasst sein.

▲ *Standstreifen, der ausnahmsweise mal einen komfortablen Radweg abgibt*

Wenn sich Radler und Autofahrer die Fahrbahn teilen, ist es für den Biker nicht ratsam, ganz dicht am rechten **Fahrbahnrand** zu fahren. Es besteht zum einen die Gefahr, von der Straße abzukommen und auf unbefestigtes Terrain oder in die Böschung zu geraten und zu stürzen. Zum anderen könnten folgenschwere Schlenker in Richtung Fahrbahn passieren, wenn der Radfahrer verhindern will, dass er von der Straße abkommt. Und diese Ausweichmanöver könnten wiederum zu einer Kollision mit überholenden Fahrzeugen führen. Also besser immer einen guten halben Meter vom Straßenrand entfernt fahren. Damit stellen die Radler ein deutlich sichtbares Hindernis für den nachfolgenden Verkehr dar.

Dass es den einen oder anderen Vollidioten unter den Autofahrern gibt, der meint, den Radfahrer deshalb mit einem Hupkonzert in den Straßen-

SICHER RADREISEN

▲ *Trägt ebenfalls zur Sicherheit bei: leuchtende Farben und Reflektoren an der Kleidung*

graben drängeln zu müssen, ist leider bittere Wahrheit. Auch wenn es neben der Seitenbegrenzung noch reichlich Platz gibt, ist ebenfalls Vorsicht angesagt. Oft finden sich am Straßenrand Unmengen von Scherben, Autoteilen oder die Oberfläche ist in einem kriminellen Zustand.

Richtungsänderungen sollten den anderen Verkehrsteilnehmern klar und deutlich angezeigt werden. Ich gestehe, das eine oder andere Mal zu sündigen. Gerade wenn ich mit dem Rennrad unterwegs bin. Sicherer ist es in jedem Fall, wenn man sich an die Verkehrsregeln hält.

▶ *Regeln Sie den Verkehr lieber für sich, indem Sie vorausschauend fahren*

Fahren in den Bergen

Fahren in der fremden Stadt

Radeln im Großstadtdschungel, noch dazu in einer fremden Stadt, ist für viele ein Graus. Wer Bedenken oder gar Angst hat, sollte das Velo vor den Toren der Stadt lassen und S-Bahn oder Taxi fahren. Für Unerschrockene heißt es: rein ins Getümmel. Großstädte lassen sich ganz hervorragend mit dem Bike erkunden.

Denken Sie daran, das Ihr Gefährt durch die Packtaschen breiter ist als sonst, wenn Sie sich durch die Blechlawinen schlängeln wollen. Mit die größte Gefahr geht von plötzlich sich öffnenden Autotüren aus. In der Stadt gilt es erst recht, vorausschauend zu fahren. Versuchen Sie sich außerdem einen Rundumblick anzueignen, passen Sie das Tempo der Verkehrssituation an. Bremsbereit sollte man eigentlich immer sein, in der Stadt heißt es unbedingt: Finger an die Bremsgriffe, um jederzeit in die Eisen gehen zu können.

▼ *Bergauf den eigenen Rhythmus fahren und ruhig abreißen lassen. Oben trifft man sich dann wieder*

Fahren in den Bergen

Kletterpartie

Vorab ist es sinnvoll zu klären, ob die passenden Ritzel auf dem Zahnkranz sind. Bei zwei Kettenblättern vorne sollte das größte Ritzel auf dem hinteren Zahnkranz mindestens 27 Zähne haben. Mit einer Dreifachkettengarnitur vorne ist man meistens auf der sicheren Seite. An Jan Ullrich mit seinen schweren Gängen sollten sich Radwanderer nicht orientieren. Eher schon an Lance

Fahren in den Bergen

Armstrong, der bekanntermaßen die Berge mit einer kleineren Übersetzung und höherer Trittfrequenz hochfährt.

Schalten Sie rechtzeitig! Bereits am Beginn der Steigung auf den **Gang schalten,** der sich gut treten lässt. Die weiteren Gänge entsprechend rechtzeitig einlegen. Beim zwischenzeitlichen Bergabfahren in eine Senke kann man schon zwei, drei Gänge hoch schalten, um vorbereitet in die nächste Steigung zu gehen. Zum Schalten kurzfristig den Druck wegnehmen, um so die zur Schwerstarbeit verdonnerte Kette zu entlasten.

Öffnungszeiten der Pässe
Holen Sie Infos ein, ob der anvisierte Pass überhaupt offen ist. In den Alpen sind viele nur in den Sommermonaten passierbar.

Wichtig ist, dass man sich am Berg die Kraft einteilt und den eigenen Rhythmus findet. Sich an anderen zu orientieren, macht selten Sinn.

Zwischendurch immer wieder aus dem Sattel gehen und im **Wiegetritt** fahren. Es entlastet Rücken und Gesäß, auch die Waden- und Oberschenkelmuskeln werden kurzfristig anders belastet. Allerdings ist es ratsam nicht zu lange im Stehen zu fahren. Denn für das Herz-Kreislauf-System ist es deutlich belastender. Wer in den Wiegetritt wechseln will, sollte zuvor einen Gang hoch schalten. Sonst kommt es einem so vor, als würde man plötzlich im Leerlauf fahren.

Von Kurve zu Kurve denken
Keine Hemmungen, beim Klettern darf man ruhig Selbstgespräche führen. Eigenmotivation ist wichtig, Bergfahren ist Kopfsache. Bloß nicht anfangen, hinter jeder Kurve das Ende der Steigung zu vermuten, meistens kommen gerade dann noch zehn weitere Kehren. Setzen Sie sich lieber Teilziele und denken Sie nur von Kurve zu Kurve.

Kurven fahren sich am inneren Rand sehr deutlich schwerer, weil dort der Steilgrad höher ist. Achten Sie auf die anderen Verkehrsteilnehmer und suchen Sie dann die zumeist außen liegende Ideallinie.

Fahren in den Bergen

Bergab

Der ehemalige Radprofi Rolf Alldag fragte sich einmal, ob es vernünftig sei, nur mit einer Seilzugbremse ausgestattet, sich mit Tempo 90 die Berge hinunterzustürzen. Er kam schließlich zu der ganz und gar überraschenden Aussage, dass dies überhaupt nicht vernünftig ist.

Auf Tourenrädern wird man solche Geschwindigkeiten nicht erreichen. Aber auf Tempo 50 und mehr kann man schnell kommen. Kontrollieren Sie deshalb vor der Abfahrt, ob das **Gepäck** sicher befestigt ist. Nicht zu nah am Straßenrand fahren, behalten Sie die **Straße und deren Beschaffenheit** im Auge. Auf einer Abfahrt in ein Schlagloch oder über einen Ast zu rumpeln, kann böse Folgen haben. Den Verlauf der Straße sollte der Abfahrer im Blick haben: Wie langgezogen ist die Kurve, kommt dort vielleicht eine Kreuzung, ändert sich der Belag gravierend?

▼ *Bei zehn Prozent Gefälle: Finger an die Bremshebel!*

Fahren in den Bergen

Bei Abfahrten auf Schotterwegen daran denken, dass die Haftung gegenüber Asphalt deutlich vermindert ist

Finger immer an die **Bremsen:** Wem es zu schnell wird – immer wieder leicht die Bremshebel antippen. Beide selbstverständlich. Wer ganz auf Nummer sicher gehen will, reduziert durch ständiges leichtes Ziehen auf die gewünschte Geschwindigkeit.

Vor **Kurven** muss die Geschwindigkeit sowieso angepasst werden. Das Pedal in der Innenseite der Kurve möglichst nach oben ziehen, nie nach unten. Wichtig ist, dass man die Steuerphase gedanklich vorausnimmt und mit runden Bewegungen in seine Ideallinie fährt. Hektische Bewegungen möglichst vermeiden.

Bei **langen Abfahrten** vorher etwas überziehen, denn man kühlt leicht aus und kann sich eine böse Erkältung holen.

Fahren in der Gruppe

Gegenwind ist mit das Überflüssigste, was es gibt auf der Welt. Und wie gegen alles Übel kämpft man am besten gemeinsam dagegen an. Windschattenfahren heißt die Devise. Eine Technik, die sich auch bei Windstille bewährt, denn schon das bloße Anfahren gegen den Fahrtwind verpulvert „Körner". Je nach Tempo verschlingt der Fahrtwind reichlich Antriebsleistung. Beim Windschattenfahren kann man bis zu einem Drittel seiner Kräfte sparen.

Man sollte vorher klare Absprachen treffen, sich zudem langsam herantasten, sonst endet es im nächsten Graben. Wenn in der Gruppe alle gleich fit sind, liegt es nahe, sich regelmäßig abzuwechseln. Das Tempo konstant halten, eine möglichst gleiche Übersetzung wählen. Länger als eine Minute sollte der Vordermann nicht im Wind fahren.

Die einfachste Art des Windschattenfahrens ist das **Fahren in der Reihe.** Kommt der Wind direkt von vorne, fährt man, wie an der Schnur aufgezogen, hintereinander. Kommt er seitlich von vorne, entsprechend versetzt. Natürlich nur, wenn die Verkehrsverhältnisse das zulassen. Bei seitlichem Wind in die dem Wind zugewandte Seite wechseln. Dabei nicht ganz mit dem Treten aufhören, sondern lediglich den Druck auf die Pedale verringern. Den Abstand zum Radler vor einem bestimmt jeder selbst. Mit ein wenig Übung schafft man es bald, millimeternah am Hinterrad zu fahren. Je näher, desto größer die Krafterspamis.

Alles im Blick

Nicht stur auf das Hinterrad starren. Vielmehr immer wieder an der Sattelstütze vorbei in Richtung Vorderrad des Vordermannes schauen. So behalten Sie auch die Straße im Blick.

Eine Radtour ist kein Rennen und der Einwand, Windschattenfahren sei nicht gerade kommunikativ, ist richtig. Von der Landschaft sieht man ebenfalls weniger. Doch wer Lust hat, ein bisschen Speed aufzunehmen, der wird seinen Spaß daran haben.

Und hat einer aus der Gruppe einen schlechten Tag, dann hängt er sich eben ausschließlich hinten ran. Was im Radrennsport verpönt ist, könnte auf einer Radreise der Beginn einer wunderbaren Freundschaft sein. Abends kann man sich ja mit einem Drink für den Windschatten bedanken. Oder beim nächsten Mal im Wind fahren.

Fahren bei Regen

Regen kommt auf der nach unten offenen Radwanderer-Skala ebenfalls ziemlich am Ende. Bei einem Schauer geht es ja noch. Aber was ist, wenn man weiterfahren muss, obwohl es wie aus Eimern kübelt? Regenbekleidung anzuziehen ist eine naheliegende Idee. Oder aber man denkt an seine Kindheit und fährt mit lautem „Juchhee" mitten durch die Pfützen, vorausgesetzt, die Packtaschen sind aus wasserdichtem Material und es handelt sich um einen warmen Sommerregen.

Kette ölen nach der Wasserschlacht
Nach der Regenfahrt sieht das Rad garantiert aus „wie Sau". Wen es stört, der macht sich jetzt ans Putzen. Wichtiger ist es, der Kette etwas Öl zu gönnen, denn das viele Wasser wird die Schmierung ausgewaschen haben.

Man sollte allerdings auf einiges achten. Zum Beispiel darauf, dass einsetzender Regen den mit Sand, Staub und Öl verschmutzten Straßenbelag innerhalb kürzester Zeit in eine Rutschbahn verwandelt. Je länger es regnet und der Regen mit der Zeit die Straße sauber wäscht, desto besser lässt es sich wieder fahren.

Trotzdem das Tempo drosseln. Der Bremsweg ist viel länger, weil die Felgenflanken nass sind und die Bremsbeläge nicht zu ihrer vollen Wirkung kommen. Besondere Vorsicht ist angesagt, wenn es von einem Belag auf den anderen geht, vor allem wenn das mit einem Richtungswechsel verbunden ist.

Pannenhilfe

Pannenhilfe

Der Plattfuß

Es kann Tausende von Kilometern gut gehen, man kann sich aber auch zweimal am Tag einen Plattfuß einfangen. Auf jeden Fall ist er die häufigste Pannenursache. Halten Sie sofort an, nicht nur die Felge dankt es Ihnen. Und es ist nicht ungefährlich, mit einem platten Reifen in die Kurve zu gehen. Den Plattfuß zu beheben ist eigentlich einfach, doch man kann auch eine Menge verkehrt machen.

▲ *Den Sonnenblumen tut der warme Sommerregen gut. Der Radler ist sich noch nicht so sicher, was er davon halten soll*

▼ *Reifenheber im Einsatz*

- Um das Rad auszubauen, müssen zunächst die Bremsen entspannt werden. Zur Not geht es auch ohne, wenn die Luft aus dem Reifen gelassen und das Rad mit Schmackes herausgezogen wird. Ansonsten muss

PANNENHILFE

bei V-Brakes der Zug am Bremsarm ausgehängt werden. Hydraulische Felgenbremsen haben in der Regel einen Schnellspannhebel. Ansonsten kommt der 15er Ringschlüssel zum Einsatz. Fahren Sie eine Kettenschaltung und müssen das Hinterrad ausbauen, vorher auf das kleinste Ritzel schalten, dann das Schaltwerk nach hinten ziehen.

- Zunächst gilt es herauszufinden, woher der Plattfuß kommt. Den Reifen von außen nach Splittern oder Stacheln untersuchen.
- Ventil öffnen und Reifen demontieren. Dazu die beiden Kunststoff-Reifenheber, vom Ventil aus gesehen, bei 90° (oder bei 270°) im Abstand von einigen Zentimetern ansetzen. Nicht am Ventil,

▶ Weit ab vom Schuss ist es besonders wichtig, das passende Werkzeug dabei zu haben weil dort der Schlauch dicker ist und die Spannung größer. Genau gegenüber ist auch nicht so sinnig, weil sich dort der Felgenstoß befindet, der sich verbiegen kann. Das andere Ende des Reifenhebers an einer Speiche festklemmen. Wenn nötig, einen der Heber wieder herausnehmen und an einer anderen Position anbringen. Dann den Reifen über das sogenannte Felgenhorn heben. Wenn er auf einer Seite über der Felge steht, kann man den Schlauch herausziehen.

- Entweder man tauscht einfach den Schlauch aus oder aber man flickt den Defekt. Um herauszubekommen, wo das Loch ist, hält man sich den Schlauch am besten ans Ohr oder aber man taucht ihn in Wasser. Wo die Luftbläschen auftauchen, ist das Loch. Auch wenn Sie das erste Loch entdeckt haben – den ganzen Schlauch testen, es können mehrere Löcher sein! Dann die Innenseite des Reifens abtasten. Vorsicht, dabei kann man sich leicht blutige Finger holen. Sicher stellen, dass der Defekt nicht auf der Innenseite des Schlauchs sitzt. Dann nämlich hat das Felgenband versagt.

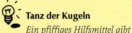

Tanz der Kugeln
Ein pfiffiges Hilfsmittel gibt es von der Firma Tip Top. In einer kleinen Dose mit einer luftdurchlässigen Gaze sind Styroporkügelchen, die bei Luftzufuhr anfangen zu tanzen.

- Schließlich das Loch markieren und die Stelle mit Schleifpapier aufrauen. Vulkanisierflüssigkeit auf eine Fläche auftragen, die größer ist als der Flicken. Gut trocknen lassen, Flicken drauf setzen. Erst das Alu abziehen – nicht mit den Fingern draufpatschen, dann klebt es schlechter. Flicken kräftig andrücken, der Druck ist wichtiger als die Dauer. Erst wenn er richtig klebt, vorsichtig die durchsichtige Plastikhülle vom Flicken lösen.

- Jetzt denken die meisten, sie hätten es geschafft. Pustekuchen, oft kriegt der Schlauch bei der

Pannenhilfe

Montage noch einen Defekt verpasst. Damit das nicht passiert: Schlauch leicht aufpumpen. Wenn Sie ihn nicht ganz herausgenommen haben, vorsichtig unter den Mantel und durch das Ventilloch der Felge stecken. Das Aufpumpen macht – besonders bei schmalen Reifen – Sinn, damit sich der Schlauch nicht innerhalb des Reifens verdreht. Dann beginnt man den Mantel wieder über die Felge zu ziehen. Das kann flutschen oder aber Kraft und Geschicklichkeit benötigen. Stellen Sie den Reifen vor sich auf den Boden und klemmen Sie ihn mit den Knien ein, um wirklich Druck auf den letzten renitenten Rest des Reifens zu kriegen.

> **Schwerer Marathon**
> *Der Marathon XR von der Firma Schwalbe ist wohl der beste aller Reisereifen. Wenn dennoch ein Defekt auftritt, hat man schwer zu kämpfen, den Reifen wieder auf die Felge zu bekommen. Dabei hilft Schmiere, egal ob Butter oder Kugellagerfett.*

▼ *Kann einiges ab: der Schwalbe Marathon XR*

- Die Stelle, die zuletzt herübergezogen wird, sollte wieder nicht am Ventil liegen. Noch ein bisschen mehr Luft drauf geben und den Reifen auf

PANNENHILFE

dem Boden unter Druck abrollen oder kneten. Das beseitigt eventuelle Verdreher. Vor dem endgültigen Aufpumpen das Ventil weit in den Reifen drücken, um zu vermeiden, dass der Schlauch zwischen Reifen und Felgenhorn eingeklemmt wird. Damit es sich leichter pumpt – Reifen gegen einen festen Gegenstand lehnen.

- Überprüfen Sie beim Einbau, ob das Rad perfekt in den Ausfallenden sitzt. Und kontrollieren Sie, ob die Schnellspanner oder Muttern wirklich fest angezogen sind.

▼ *Klein, aber oho, weil zum Ausziehen: Teleskop-Pumpe für unterwegs von Sigma Sport*

Schaltwerk

Gehorcht Ihnen das Schaltwerk nicht mehr? Macht sich die Kette selbstständig? Dann ist es oft nur eine Einstellungssache. Wenn die Bowdenzüge schlapp machen: an den Stellschrauben am Schaltwerk oder am Schalthebel nachstellen. Nicht selten wird empfohlen, hinten aufs kleinste Ritzel zu schalten, um dann nachzujustieren, bis die Kette sauber auf den nächst höheren Gang bis hin zum größten Ritzel klettert. Andere Fachleute sagen: Warum das? Einfach auf die Mitte (4. oder 5. Ritzel) schalten. Dort sollte die Kette mittig laufen. Dann an den Stellschrauben höchstens eine viertel bis halbe Umdrehung nachstellen. Das erleichtert es, die richtige Einstellung zu finden, durch die die Kette ohne „Schrammeln" rauf- und runtergeschaltet werden kann.

💡 Pumpengummi einfetten

Wenn Sie das Pumpengummi – heute meistens aus Plastik – vor der Tour einfetten, bekommen Sie locker ein Bar mehr Luft drauf. Haben Sie nur eine kleine Handpumpe dabei – bei der nächsten Gelegenheit die erforderliche Barzahl auf den Reifen bringen. Sonst kommt der nächste Plattfuß schneller, als man denkt.

PANNENHILFE

Damit die Kette nicht nach oben oder unten vom Zahnkranz herunterflutscht, regeln die Endanschlagschrauben den Schwenkbereich des **hinteren Schaltwerks.** Zunächst aufs kleinste Ritzel schalten und kontrollieren, ob die Leitrolle des Schaltwerks in einer Linie mit den Zähnen des Ritzels läuft. Um den Schwenkbereich so einzustellen, dass die Kette nicht über das kleinste Ritzel hinaus geschaltet werden kann, wird an der Endanschlagsschraube mit dem Zeichen H (für *high gear*) justiert. Damit die Kette nicht über das größte Ritzel hinaus läuft, muss die Einstellung an der Schraube mit der Kennzeichnung L (für *low gear*) vorgenommen werden. An dieser Seite des Schwenkbereichs besonders aufpassen und einen Tick weiter nach innen justieren. Denn wenn die Kette über das größte Ritzel rutscht, können leicht die Speichen dran glauben.

Die Einstellung des **vorderen Umwerfers** ist ebenfalls eine filigrane Angelegenheit für den unerfahrenen Schrauber. Der Bereich, bevor die Kette von den Kettenblättern gekickt wird, ist nur minimal. Mit viel Fingerspitzengefühl kann auch dort an der Stellschraube nachjustiert werden.

▶ *Justieren der Endanschlagsschrauben am Schaltwerk*

PANNENHILFE

Bremse

Wenn unterwegs die Bremswirkung der V-Brakes (rund 80 Prozent der Reiseradler fahren damit) zu wünschen übrig lässt, kann die Länge des Zugs an der Stellschraube am Bremshebel reguliert werden (ähnlich wie bei der Schaltung).

An den Einstellschrauben für die Federspannung seitlich der Bremsschenkel wird die Feinjustierung vorgenommen. Wenn man im Uhrzeigersinn dreht, wird eine Feder gespannt und der Bremsbelag bewegt sich von der Felge weg, anders herum, gegen den Uhrzeigersinn gedreht, kommt er näher an die Felge heran.

Kette

Wenn mitten in der Pampa die Kette reißt, kommt der Kettennieter zum Einsatz. Den Niet am defekten Glied herausdrücken. Nur so weit, dass sich das defekte Glied entfernen lässt. Auf keinen Fall den Niet ganz herausdrücken. Den bekommt man unterwegs nur ganz schwer wieder rein. Kette dann so schalten, dass sie möglichst wenig Spannung hat. Das Ersatzkettenglied – was man hoffentlich dabei hat – einsetzen und die Enden wieder zusammennieten. Das wahrscheinlich steife Gelenk mehrfach hin und her biegen und etwas ölen. Hat man kein Ersatzglied dabei, wird die etwas kürzere Kette zusammengenietet. Optimal ist es nicht, aber im schlimmsten Fall kann man nicht ganz diagonal schalten – was man ja sowieso nicht machen soll.

> 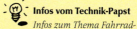 **Infos vom Technik-Papst**
> *Infos zum Thema Fahrrad-Reparatur findet man entweder auf der Homepage des Technik-Papstes Christian Smolik unter www.smolik.de oder man besorgt sich „Das neue Fahrradreparaturbuch" von Smolik und Stefan Etzel. Oder aber man greift auf das Buch von Gunnar Fehlau zurück, das da heißt: „1000 Tipps für Biker". Außerdem richtet der ADFC regelmäßig „Schrauber-Kurse" für Einsteiger und Fortgeschrittene aus. Infos gibt's bei den ADFC-Geschäftsstellen oder im Netz bei www.adfc.de.*

PANNENHILFE

Speichen

Bricht unterwegs eine Speiche, nicht einfach weiterfahren, weil sonst auch die anderen Speichen arg in Mitleidenschaft gezogen werden. Da fast immer die Speiche auf der Zahnkranzseite im Hinterrad kracht, wird's schwierig mit dem Einsetzen einer gängigen steifen Speiche. Der Zahnkranz ist nun mal im Weg. Eine speziell für solche Fälle entwickelte flexible Ersatzspeiche lässt sich viel besser durch das Loch im Nabenflansch ziehen.

Die benachbarten Speichen auf der gegenüberliegenden Flanschseite ein wenig mit dem Speichenschlüssel lockern, die übernächsten auf der selben Seite anziehen. So ist das Rad wieder halbwegs zentriert. Weit würde ich damit aber nicht mehr fahren.

 Mit dem Rad in die Autowerkstatt
Wenn es weit und breit keinen Fahrradladen gibt, ab zur nächsten Autowerkstatt. Meistens haben die Jungs auch Ahnung von Zweirädern – und sie haben Werkzeug.

▸ Hilfe in der Autowerkstatt

Erste Hilfe

Kopfverletzungen

Zeichen einer Gehirnerschütterung sind kurze Bewusstlosigkeit, Übelkeit und Erbrechen. Auf keinen Fall weiterfahren! Um das Risiko einer Gehirnblutung auszuschließen, sollte man sicherheitshalber zu einem Arzt bzw. ins Krankenhaus.

Den Verletzten in Rückenlage flach auf dem Boden und mit leicht erhöhtem Oberkörper und Kopf lagern. Ist die Person bewusstlos, darf sie nicht allein gelassen werden. Umgehend den Notarzt verständigen.

Erstversorgung von Knochenbrüchen

Offene Brüche sind gut zu erkennen. Klagt der Verletzte jedoch nur über Schmerzen oder es bildet sich eine Schwellung, muss erst geklärt werden, ob ein Bruch vorliegt. Die eventuelle Bruchstelle sollte nicht bewegt und ruhig gestellt werden. Behelfsmäßig kann man eine Schiene basteln. Krankenwagen rufen, denn gerade bei Knochenbrüchen sollte der Transport von Profis durchgeführt werden.

Erste Hilfe bei Herz-Kreislauf-Problemen

Flüssigkeitsverlust, Kohlenhydratmangel und muskuläre Erschöpfung können vor allem bei hohen Temperaturen zu Schwindelanfällen und Bewusstlosigkeit führen. Dann möglichst zuckerhaltige Getränke in kleineren Mengen zu sich nehmen, nicht zu kalt und nicht zu heiß. Schatten aufsuchen, Arme, Beine und Kopf möglichst kühl halten. Bessert sich der Zustand nach einigen Stunden nicht, sollte ein Arzt aufgesucht werden.

Erste Hilfe

> **Hundsgemein**
>
> *Der Hund, angeblich ja der beste Freund des Menschen, kann durchaus zum Feind des Radfahrers werden. Was tun, wenn die lieben Vierbeiner zähnefletschend und kläffend attackieren. Zumal es sich selten um Pudel oder Yorkshire-Terrier handelt.*
>
> *Erste Regel: cool bleiben. Leicht gesagt, wenn das Tier beinahe so groß ist wie ein Pony. Dann das Terrain sondieren und so viel Fahrt aufnehmen, dass der Hund nicht mitkommt. Oft laufen sie nur eine gewisse Entfernung hinterher, um ihr Gebiet zu verteidigen. Wenn es bergauf geht, gestaltet sich die Flucht allerdings etwas schwierig.*
>
> *Angeblich soll es helfen, stehen zu bleiben. Denn nur die Bewegung würde den Spieltrieb des Hundes wecken. Na ja, wer's glaubt. Hundekenner raten auch, den Tieren nicht direkt in die Augen zu schauen. Lautes Schreien kann nie schaden, auch wenn beispielsweise der französische Hund des Deutschen nicht mächtig sein dürfte. Doch es kommt unter anderem auf die Lautstärke an – und so scheint die Trillerpfeife eine gute „Waffe" zu sein. Ich habe schon von Radlern gehört, die vorne am Lenker kleine Chinaböller mit Reibefläche aufbewahren und diese bei Hundealarm zünden.*
>
> *Ich hatte in Tunesien, wo es besonders schlimm in dieser Hinsicht war, immer ein paar Steine in der Lenkertasche.*

Gerade bei älteren Radlern kann auch eine vom Herzen ausgehende Störung vorliegen. Dann sollte die Person mit leicht erhöhtem Oberkörper flach gelagert werden. Diese Position ist nach Angabe von Ärzten immer okay, während die klassische Schocklagerung – auf dem Rücken und Beine hoch – bei Verdacht auf eine akute Erkrankung des Herzens nicht eingenommen werden darf. Auf jeden Fall sollte man in einer solchen Situation einen Arzt konsultieren.

Erste Hilfe

Viele Hunde ziehen schon den Schwanz ein, sobald ein Stein nur in ihre Richtung fliegt, manche schon bei der Ausholbewegung.
Andere Biker empfehlen Pfefferspray. Das sollte jeder - je nach dem Grad seiner Tierliebe - mit sich selbst ausmachen. Wer den Quälgeistern nichts tun will, könnte es auch mit einer „Opfergabe" versuchen - manche Hunde sollen sich mit einer Trinkflasche oder etwas anderem zufrieden geben. Und wenn doch einer zugebissen hat - siehe Kapitel „Erste Hilfe".

◀ *Pfefferspray setzt angreifende Hunde kurzfristig außer Gefecht, schadet ihnen aber nicht weiter*

Erste Hilfe bei Schürfwunden

Wenn es sich um relativ harmlose „Kratzer" handelt, am besten an der Luft trocknen lassen. Eventuell mit einem desinfizierenden Sprühpflaster abdecken. Wenn Schmutz in die Wunde eingedrungen ist, mit Wasser auswaschen und mit einer alkoholischen Lösung desinfizieren oder Betaisodona auftragen und verbinden. Auf jeden Fall vergewissern, dass ausreichender Tetanus-Schutz besteht.

Hart zu sich selbst
Die Radprofis sind härter als hart mit sich selbst. Bei Schürfwunden rubbeln sie die gerade geschlossene Wunde mit einer Bürste noch einmal auf, damit sie besser ausblutet. Das führt zu einer schnelleren Wundheilung. Verstehen Sie das aber nicht als Empfehlung!

Erste Hilfe

Erste Hilfe bei Schnitt- und Platzwunden

Die Blutung durch Aufdrücken einer sterilen Kompresse stoppen und die betroffene Körperstelle erhöht lagern. Eventuell einen Druckverband anlegen: Sterile Mullkompresse, gegebenenfalls mit Betaisodona, auf die Wunde legen und ein bis zweimal umwickeln. Blutet der Verletzte trotzdem weiter, nicht den alten Verband öffnen, sondern nochmals einen straffen Druckverband darüber legen. Bei größeren blutenden Wunden sofort den Notarzt rufen.

Handy mit Notfallnummern
Wer alleine unterwegs ist, sollte stets ein Handy dabei haben, in dessen Telefonbuch die wichtigsten (Notfall-)Nummern gespeichert sind.

Knie- und Rückenprobleme

Wenn sich während der Radreise Schmerzen im Rücken oder in den Knien einstellen, liegt es fast immer an der falschen Sitzposition. Erleichterung für Rückengeschädigte bringt meistens eine etwas aufrechtere Sitzposition, auch wenn Sie dann voll im Wind sitzen. Haben Sie noch einiges vor sich und wenig Hoffnung auf Besserung, besorgen Sie sich bei der nächsten Gelegenheit eine gefederte Sattelstütze.

Radfahren ist eigentlich Therapie bei Knieproblemen. Wenn es trotzdem weh tut, kann das an den zu „fetten" Gängen liegen, die Sie fahren. Oder daran, dass das Pedal einen leichten „Hau" hat und das Knie diese ungewohnten eiernden Bewegungen mitmachen muss. In den meisten Fällen liegt es jedoch an einer zu niedrigen Sitzposition. Also, Position ändern, höhere Trittfrequenz wählen und die Knie (Knielinge) warm halten. Vor, aber vor allem auch nach dem Radfahren ausgiebig stretchen, besonders die Oberschenkelmuskulatur.

Radreisen mit Kindern

Radreisen mit Kindern

„Kinder an die Macht"

Eine Radreise mit Kindern ist machbar, allerdings sollte sie unter dem Motto des Herbert-Grönemeyer-Songs stehen: „Kinder an die Macht". Die Reise muss nicht nur irgendwie Kinder-kompatibel, sondern wirklich auf sie zugeschnitten sein. Denn Kinder haben beim Radfahren weniger Kondition, doch in punkto Nörgelei können sie eine irre Ausdauer an den Tag legen.

▲ *Stolz wie Oskar und fit wie'n Turnschuh. Mit älteren Kindern kann man problemlos auf Reisen gehen*

Radreisen mit Kindern

Egal ob das Kind schon auf dem eigenen Fahrrad fährt oder passiv mitreist, beziehen Sie es in die Planung mit ein, so weit es geht. Die **Route** kann eigentlich nur im Flachland verlaufen. Denn entweder schaffen die Kinder die Steigungen nicht oder aber die Eltern eiern mit dem schweren Anhänger die Berge hinauf (und hinunter). Die klimatischen Verhältnisse sollten so sein, dass die „Kurzen" im Hänger keinen Hitzschlag bekommen. Vor allem aber müssen reichlich Kinderbelustigungen am Wegesrand liegen: Badeseen, Freizeitparks, Abenteuerspielplätze oder einfach nur viel Natur.

Machen Sie viele **Pausen,** in denen die Kinder entweder ausruhen oder toben können. Ausreichend Essen und Getränke, die Kinder mögen, müssen an Bord sein. Dass **Spielzeug,** die liebsten Kuscheltiere und Leckereien mit am Start

▲ *Kleinere Kinder fahren am besten im Mercedes unter den Anhängern, in einem der diversen Modelle von Chariot*

▶ *Gemeinsam mit den Kindern entscheiden, wie weit die Etappe noch gehen soll*

Radreisen mit Kindern

sind, versteht sich von selbst. In Kindersitz und Anhänger werden Kinder relativ schnell müde, manche schlafen während der Fahrt ein, wachen aber keineswegs ausgeruht auf.

Ein **Helm** ist sowohl im Anhänger als auch im Kindersitz Pflicht, bei selbst fahrenden Kindern sowieso.

Sind die Kinder noch zu klein, um selbst zu radeln, bietet sich am ehesten der **Anhänger** an. Spitzenmäßige Produkte gibt es vom kanadischen Hersteller Chariot. Die Kinder sitzen relativ bequem und können bedingt sogar darin spielen. Auf Belüftung beziehungsweise auf Multifunktionalität des Anhängers – offen, mit Fliegengitter oder mit regensicherem Dach – sollte ebenso geachtet werden wie auf das Fahrverhalten des Hängers. Und natürlich darauf, dass ein gewisser Aufprallschutz gewährleistet sowie ein Fünfpunktgurt dabei ist. Nachteil der Hänger: das hohe Gewicht.

Schnuller festbinden
Sind die Kleinen noch im Schnulleralter – unbedingt festbinden, sonst gibt es Tränen.

RADREISEN MIT KINDERN

Wenn das Kind in einem **Sitz** (natürlich TÜV- und GS-geprüft) mitreist, muss darauf geachtet werden, dass es durch entsprechende Kleidung gegen den (Fahrt-)Wind geschützt ist. Der Sitz muss sicher und stabil am Rad der Eltern befestigt und schnell zu montieren bzw. zu demontieren sein. Sitzt das Kind hinten, treffen Sie Vorsichtsmaßnahmen, damit es nicht die Finger zwischen die Federn des Sattels bekommt. Die Fußrasten muss man verstellen können, ein Fünfpunktgurt ist Pflicht. Kinder, die im Kindersitz transportiert werden, sollten mindestens ein Jahr alt sein.

Sicherer mit Zweibein-Ständer
Sicherer als ein konventioneller Fahrradständer ist ein Zweibein-Modell, dann kippt das Rad auch mit einem herumzappelnden Kind nicht sofort um.

Fahren die Kleinen selbst, testen Sie vorher aus, welche Strecke das Kind auf einer **Tagesetappe** schafft. Schulanfängern kann man um die 30 Kilometer zutrauen. Zwölfjährige schaffen 50 Kilometer und mehr. Die Kinder sollten in der Mitte der Gruppe fahren. Ist nur ein Erwachsener dabei, fährt

▼ *Testen Sie noch vor der Etappe die Ausdauer des Kleinen*

Radreisen mit Kindern

◀ *Kindertransport einmal anders*

der am besten hinter dem Kind. Klare, gemeinsam besprochene Regeln erleichtern die Angelegenheit und können im Extremfall Leben retten.

Die Selbstfahrer sollten die Verkehrsregeln kennen, gut steuern und bremsen können. Suchen Sie vorwiegend Straßen mit wenig oder aber Wege ohne Autoverkehr aus. Wenn die „Kurzen" kleine Packtaschen am Rad haben, sind sie erstens stolz wie Oskar und müssen zweitens die Erwachsenen nicht wegen jedes Kleinkrams fragen. Außerdem am Rad einen **Sicherheitswimpel** anbringen.

RADREISEZIELE

Radreiseziele

Die deutschen Radfernwege

Für Einsteiger, die nicht gleich die Route von Köln nach Timbuktu in Angriff nehmen wollen, sind die ausgeschilderten Radfernwege genau das Richtige. Sie führen oft an Flüssen entlang, abseits der Autostraßen. Einige von den inzwischen mehr als hundert Radfernwegen (Tendenz steigend) sollen hier vorgestellt werden.

Schwieriges Terrain für Rennrad-Pneus
Die Wege sind oft nicht asphaltiert oder besitzen einen sandigen Untergrund. Auch bei schlechter Witterung sind viele Fernwege nichts für die schmalen Rennrad-Pneus.

Die Klassiker unter den Radfernwegen sind immer noch der **Donau-Radweg** von Passau nach Wien (reichlich überlaufen inzwischen), der **Altmühl-** oder der **Weser-Radweg.**

Es gibt offiziell ein Ende und einen Anfang eines jeden Radfernwegs, aber es spricht nichts dagegen, irgendwo auf der Strecke einzusteigen. Allerdings bieten Start und Ziel gute Verkehrsverbindungen. Sich vorab über die vorherrschende Windrichtung zu informieren, ist ebenfalls schlau.

💡 Überblick mit dem Radfernwege-Guide

Einen guten Überblick gibt der bikeline RadFernWege-Führer Deutschland. Auf 240 Seiten sind die Routen kurz beschrieben und finden sich Höhenprofil sowie touristische und gastronomische Tipps. Im Internet gibt es Infos zum Thema Radfernwege unter anderem bei: www.radatlas.de, www.esterbauer.com oder www.fahrrad-buecher-karten.de

▲ Radfernwege in Deutschland

Die deutschen Radfernwege

▲ *Auf den Spuren eines Klassikers: der Radweg durchs Altmühltal*

Bodensee-Königssee-Radweg

Atemberaubende Ausblicke auf die majestätischen Gipfel der Alpen, touristische Highlights wie das Schloss Neuschwanstein. Von Lindau bis ins Berchtesgadener Land, durch das Voralpenland von West nach Ost (oder umgekehrt). Auf 427,5 Kilometern Länge passiert der Radfahrer Füssen, den idyllisch gelegenen Tegernsee sowie den Chiemsee. Die Alpen

Infos
ADFC Landesverband Bayern, Landwehrstr. 16, 80336 München, Tel. 089 553575;
E-Mail: kontakt@adfc-bayern.de

Karten
● *ADFC-Radtourenkarte, Maßstab 1 : 150.000, Blatt 26, Oberbayern/München*
● *bikeline, Bodensee-Königssee-Radweg, Maßstab 1 : 50.000*

Die deutschen Radfernwege

▲ Abendstimmung am Bodensee

sind nicht mehr weit entfernt, ganz ohne Steigungen geht's nicht.

Elbe-Radweg

Der 1169 km lange Elbe-Radweg ist in zwei Teile aufgeteilt. Nummer eins führt von Prag bis Magdeburg, Nummer zwei von Magdeburg bis Cuxhaven an der Nordsee. Kulturliebhaber kommen in Prag, Dresden, Dessau und Hamburg, aber auch in den überaus netten böhmischen Städtchen auf ihre Kosten. Naturfreaks dürften sich eher über die atemberaubend schöne Landschaft im Elbsandstein-Gebirge freuen. Gen Norden, wenn Elbe und Dialekt immer breiter werden, schlägt die Stun-

Die deutschen Radfernwege

de für den Tierfreund: Einsame Auen, in denen sich nicht nur Fuchs und Hase, sondern auch Kormoran und Biber, Lachmöwe und Storch „Gute Nacht" sagen. Steigungen sind so gut wie keine zu erwarten, dafür ist der Straßenbelag in Tschechien teilweise recht abenteuerlich.

Infos
ADFC-Landesgeschäftsstelle Sachsen, Grünewaldstraße 19, 04103 Leipzig, Tel. 0341 22540313, E-Mail: sachsen@adfc.de, www.elberadweg.de, www.elberadweg-r2.de

Karten
- *bikeline, Elbe-Radweg 1, Prag bis Magdeburg (476 km), 1 : 75.000*
- *bikeline, Elbe-Radweg 2, Magdeburg bis Cuxhaven (693 km), 1 : 75.000*

Rennsteig-Radfernweg

Der Rennsteig-Radfernweg führt über 195 km von Hörschel an der Werra über Eisenach, Oberhof und Masserberg nach Blankenstein. Im Jahr 2000 wurde dieser Radweg extra angelegt, weil sich Radfahrer und Wanderer auf dem klassischen Rennsteig zusehends in die Quere kamen. Jetzt sind es nur noch 25 Kilometer, die man sich teilt.

Der Rennsteig ist einer der wenigen Höhen-Radwanderwege in Deutschland, er verläuft zum Großteil zwischen 700 und 850 Meter über Null. Auf der Strecke von Hörschel nach Blankenstein hat es vor allem der erste Streckenabschnitt in sich. In umgekehrter Richtung geht es gemächlicher bergauf.

Liebliches Taubertal

Einer der „Quickies" unter den Radfernwegen. Knapp 100 Kilometer führt der Weg von Wertheim nach Rothenburg ob der Tauber. Eine landschaftlich schöne und geschichtsträchtige Gegend. Bereits seit 1980 ist die Strecke als Fernweg für Radler ausgewiesen. Oft geht es direkt

Infos
ADFC-Landesgeschäftsstelle Baden-Württemberg, Augustenstr. 99, 70197 Stuttgart, Tel. 0711 628999, E-Mail: landesverband@adfc-bw.de

Karten
- *bikeline, Liebliches Taubertal, Maßstab 1 : 50.000*

am Fluss entlang mit wenigen, eher „lieblichen" Steigungen. Der schönste Abschnitt ist der zwischen Wertheim und Tauberbischofsheim, wo sich die Tauber zwischen Obstbäumen, grünen Auen, Burgen und Fachwerkhäusern ihren Weg sucht. Wer es ein wenig sportiver mag, kann den Klassiker um rund 150 km verlängern, dann allerdings geht's die Weinberge rauf und runter.

Ausgewählte Radwanderregionen

Das Elsass

Das Elsass ist eine wunderbare Region zum Radwandern. Ein von mildem Klima verwöhnter Landstrich, eine Gegend für Genießer. Ludwig XIV. schwärmte einst, das Elsass sei ein „einzig schöner Garten". Im Nordosten Frankreichs gelegen, bietet es Strecken der verschiedensten Couleur auf ausgewiesenen Radfernwegen oder hervorragend

▼ *In der Dämmerung durch die Weinfelder des Elsass*

Ausgewählte Radwanderregionen

ausgebauten Nebenstrecken. Platt wie eine Flunder ist das Grand Ried. Radeln kann man dort entlang idyllischer Flüsschen, an der Ill oder der Bruche westlich von Strasburg. Die Forellen glitzern im Licht der Morgensonne, unzählige Storchennester schmücken die Kirchturmspitzen.

Oder man folgt der „Route des Vins" durch die hügeligen Weinberge des Elsass. In Eguisheim, Ribeauvillé oder Riquewihr, pittoreske kleine Fachwerkstädte, treten sich die Touristen gegenseitig auf die Füße, beschaulicher geht es da zum Beispiel in Barr oder Gueberschwihr zu.

Oder aber man traut sich in die karge und raue Landschaft der Hochvogesen. Hier am Grand Ballon forderte Telekom-Radprofi Udo Bölts einst den Tour-de-France-Sieger Jan Ullrich auf: „Quäl Dich, Du Sau!" Der Radwanderer wird für seine „Qualen" unter anderem durch den zum Teil atemberaubenden Blick in die Rheinebene entschädigt.

Infos

Elsass im Internet: www.visit-alsace.com, www.region-alsace.fr, www.alsace-info.com, www.weinstraße-im-elsass.de, www.frankreich-info.de

Karten

- *bikeline, Radatlas Elsass; Maßstab 1 : 75.000*
- *Michelin 515, Regional Elsass-Lothringen, Maßstab: 1 : 200.00*

Im Elsass ist die Anzahl der „Sterne-Restaurants" sehr hoch. Elsässische Spezialitäten sind der Flammkuchen und das deftige „Baeckeoffe", ein in Riesling gegarter Eintopf aus Rind-, Schweine- und Hammelfleisch. Was man sich tagsüber abgestrampelt hat, kann man sich abends also wieder anfressen.

Fahrradfahrer sind im Elsass willkommen. Viele der kleinen Hotels auf dem Land sind auf Radwanderer eingestellt. Man sagt, die Elsässer würden die deutsche Gründlichkeit mit dem „Laisser-faire" und „Savoir-vivre" der Franzosen auf wunderbare Art vereinen. Amtssprache ist Französisch, viele Einwohner sprechen jedoch Deutsch, untereinander spricht man einen elsässischen Dialekt.

AUSGEWÄHLTE RADWANDERREGIONEN

Der Harz

Ein Harz-Reiseführer empfiehlt seinen Lesern: „Auf keinen Fall im Ostharz sagen, dass es im Westharz schöner ist – oder umgekehrt." Aber das ist ja nur eine Empfehlung. Ich lege mich auf den Ostharz fest und empfehle eben diesen als wunderbare Radwander-Region. Durch die teilweise knackigen Steigungen ist das nördlichste Mittelgebirge Deutschlands eher ein Touren-Gebiet für den sportiven Radtouristen. Es gibt dort viele kleine Straßen, der Belag ist vom Feinsten, von wenigen Kopfsteinpflaster-Passagen in den Orten mal abgesehen. Zudem verfügt der Harz grundsätzlich über ein gut ausgebautes Netz von Radwegen.

Es hat sich eine Menge getan seit der Wende – und doch scheint die Zeit stehen geblieben zu sein. Viele Dörfer strahlen noch etwas vom Charme des „Wilden Ostens" aus. Die Menschen in der Region sind freundlich, naturverbunden, Radfahrer sind gern gesehene Gäste.

Manche Orte wie Stolberg waren auch zu DDR-Zeiten schon Tourismusmagneten. Das Städtchen gilt als das „Rothenburg ob der Tauber des Nordens" – allerdings mit einem Bruchteil der Besucher. Touristenhochburgen sind heute Wernigerode und Quedlinburg, am Harzrand gelegen – und natürlich der Brocken.

Das Klima ist rau, wenngleich nicht überall so extrem wie auf dem 1142 Meter hohen Brocken. Er liegt fast das gesamte Jahr über im Dunst, es tosen Stürme mit bis zu 263 Kilometern pro Stunde

Infos
Der Harz im Internet:
www.harzinfo.de,
www.harzlife.de,
www.harztourist.de,
www.harzregion.de,
www.nationalpark-harz.de,
www.harz-direkt.de

Karten
- *BVA, ADFC Regionalkarte, Maßstab 1 : 75.000*
- *Mairs Geographischer Verlag, Harz, die Freizeitkarte, Maßstab 1 : 100.000*

Ausgewählte Radwanderregionen

▲ *In den Harztälern laden mehrere Stauseen zur Rast ein*

über ihn hinweg. In den Tälern geht es gemäßigter zu – warme Klamotten sollte man aber auch in der besten Reisezeit Mai bis September dabei haben.

Spektakulär sucht sich die Bode ihren Weg durch die Felsen und die dunklen Wälder. Nicht ganz zu Unrecht wird das wild-romantische Tal als „Grand Canyon der deutschen Mittelgebirge" bezeichnet. In den idyllisch gelegenen Weilern Altenbrak und Treseburg kann man herrlich die Seele baumeln lassen und schon ab 35 Euro pro Doppelzimmer übernachten.

Rügen und Hiddensee

Klaus Störtebeker, der Sage nach Rügens berühmtester Sohn, war Pirat und Abenteurer. Wer Deutschlands größte Insel mit dem Fahrrad entern will, muss ebenfalls eine kleine Portion Abenteuerlust mitbringen. Nicht etwa, weil die Radrouten unterhalb der abbröckelnden Kreidefelsen ent-

AUSGEWÄHLTE RADWANDERREGIONEN

▶ *Insel bedeutet nicht überall nur flache Strecke*

lang führen, sondern weil noch nicht alle Strecken so ausgebaut sind, wie es sich der Komfortradler wünscht. Ab und zu führt der Weg über mittelalterliche Kopfsteinpassagen, die den Radler so richtig durchschütteln. Doch das Abenteuer zahlt sich aus. Rügen ist ein wahrer Schatz, es lohnt sich, ihn zu heben.

Der Mikrokosmos der Ostseeinsel zieht den Besucher schnell in seinen Bann: die spektakulären Kreidefelsen, die den Maler Caspar David Friedrich zu seinen weltberühmten Meisterwerken inspirierten, die einmalige Boddenlandschaft im Südosten oder die mondänen Seebäder Binz, Göhren oder Sellin.

Ausgewählte Radwanderregionen

Es ist die Abwechslung, die Rügen so reizvoll macht: die scheinbar endlosen Kiefernwälder und die schönen Strände, die Zauberwälder im Naturpark Jasmund und die stillen Weiler auf Wittow. Immer wieder führt der Weg über herrliche Alleen – besser gesagt – durch Alleen. Auf Rügen kann man quasi überdacht Fahrrad fahren und den Schutz der Bäume vor zu viel Sonne, Wind und Regen genießen.

In Schaprode setzt man über auf die zauberhafte Nachbarinsel Hiddensee. Das kleine Eiland geizt weder mit landschaftlichen Reizen noch mit bestem Wetter. Im Jahr 2004 war Hiddensee mit 2004 Sonnenstunden der am meisten von der Sonne verwöhnte Ort Deutschlands. Hiddensee gehört zum Nationalpark Vorpommersche Boddenlandschaft und hat sich in der Vergangenheit vor allem als Künstlerkolonie einen Namen gemacht. Der große deutsche Schriftsteller Gerhart Hauptmann hat dort gelebt und gearbeitet. Auch viele andere Künstler nach ihm waren und sind fasziniert von der „Perle der Ostsee".

Infos

Rügen und Hiddensee im Internet:
www.tda-ruegen.de,
www.ruegen.de,
www.kreidefelsen.de,
www.ruegen-aktuell.de,
www.radfahren-auf-ruegen.de,
www.hiddensee.de,
www.insel-hiddensee.de

Karten

● *Haupka-Verlag, Deutsche Rad-Tourenkarte Nummer 4,*
Rügen - Usedom - Vorpommern,
Maßstab: 1 : 100.000
● *BVA, ADFC Regionalkarte Rügen,*
Fischland, Darß,
Maßstab 1 : 75.000

Drenthe

„Drenthe ist wunderbar, aber ob man es dort aushält, hängt von vielem ab, und davon, ob man die Einsamkeit ertragen kann." Das sagte einst Vincent van Gogh, der in diesem Landstrich in Holland lebte, bevor es ihn nach Südfrankreich verschlug. So

AUSGEWÄHLTE RADWANDERREGIONEN

einsam wie zu Lebzeiten des berühmten Malers ist es schon längst nicht mehr in Drenthe. Aber es immer noch eine Oase der Ruhe, dieses kleine „Stükje" Holland, nur wenige Kilometer südlich von Groningen gelegen.

Würde man mit dem Fahrrad direkt am Ufer der Drentse Aa entlang fahren können – man hätte bald so etwas wie einen Drehwurm. Denn dieser kleine Fluss im Norden der Region sucht sich seinen ganz und gar eigenen Weg. Während die meisten der Flüsse in den Niederlanden quasi mit dem Lineal begradigt wurden, darf die Drentse Aa weiter mäandern wie es ihr gefällt – was ihr einen Eintrag in die Welterbeliste der UNESCO eingebracht hat.

Drenthe ist ein bunter Flickenteppich aus Wäldern, Feldern und Heide. Kleine Moorseen liegen schwarz und still dazwischen, mystische Ort, wie auch die zahlreichen Hünengräber. Unverhoffte kurze Pausen sollte man einplanen, wenn gerade mal wieder eine der zahlreichen Schafherden den Radweg passiert.

In Sachen Radwege sind die Holländer Vor- und Spitzenreiter. 1400 km lang ist das Radwegnetz in Drenthe. Mal über Asphalt, mal über Schotter oder über die typischen, gut zu befahrenden roten Klinkerstraßen, führen 24 hervorragend ausgeschilderte und überwiegend flache Routen. Dafür gesorgt hat der Algemene Nederlandse Wielrijdersbond, sozusagen das niederländische Pendant zum ADFC.

Das Highlight des Jahres ist die fiets4daagse von Drenthe, die größte Radsport-Veranstaltung der Niederlande. Tausende von Freizeitradlern treffen

Infos
Drenthe im Internet:
www.drenthe.nl,
www.vakantieprovincie.nl,
www.drenthecampings.nl,
www.vvvmidden-drenthe.nl

Karten
- *Michelin Regional 531, Niederlande Nord, Maßstab: 1 : 200.000*
- *umfangreiches Material auch vor Ort in den verschiedenen Touristenbüros (VVV)*

AUSGEWÄHLTE RADWANDERREGIONEN

sich jedes Jahr im Juli, um bei volksfestähnlicher Stimmung Strecken zwischen 30 und 150 Kilometern abzustrampeln. Infos zu diesem Ereignis gibt es unter: www.fiets4daagse.nl.

ANHANG

Lexikon

Lexikon Deutsch – Englisch – Französisch

Deutsch	Englisch	Französisch
Beleuchtung	*lights*	*l'éclairage (m)*
Bremsbeläge	*brake shoes*	*les garnitures de frein*
Bremse	*brake*	*le frein*
Bremszug	*brake cable*	*le câble de frein*
Felge	*rim*	*la jante*
Flickzeug	*patch kit*	*le kit de réparation*
Gabel	*fork*	*la fourche*
Gepäckträger	*carrier*	*le porte-bagages*
Inbusschlüssel	*Allen key*	*la clé à six pans*
Kette	*chain*	*la chaîne*
Kettenblatt	*chain ring*	*le plateau de pédalier*
Lager	*bearing*	*le roulement à billes*
Laufrad	*wheel*	*la roue*
Lenker	*handlebar*	*le guidon*
Lenkervorbau	*stem*	*la potence du guidon*
Mutter	*nut*	*l'écrou (m)*
Nabe	*hub*	*le moyeu*
Panne	*puncture*	*la crevaison*
Pedal	*pedal*	*la pédale*
Plattfuß	*flat tire*	*la crevaison du pneu*
Pumpe	*pump*	*la pompe à vélo*
Rahmen	*frame*	*le cadre*
Reifen	*tire*	*le pneu*
Ritzel	*cog*	*le pignon denté*
Sattel	*saddle*	*la selle*
Sattelstütze	*seat post*	*la potence de selle*
Schaltung	*shifting*	*le changeur de vitesse*
Schaltzug	*derailleur cable*	*le câble de dérailleur*
Schlauch	*inner tube*	*la chambre à air*
Schnellspanner	*quick release*	*le tendeur de chaîne*
Schraube	*screw*	*la vis*
Schraubendreher	*screwdriver*	*le tournevis*
Speiche	*spoke*	*le rayon*
Umwerfer	*front derailleur*	*le derailleur*
Ventil	*valve*	*la valve*

Nützliche Internetseiten

Radfahren allgemein

- **www.trekkingbike.com:** Das Magazin zum Thema
- **www.radreise-magazin.de:** Die Website vom Magazin RADtouren
- **www.radtouren.de:** News, Links, Tipps rund ums Radeln
- **www.radatlas.de:** Infos zu deutschen und europäischen Radfernwegen
- **www.pressedienst-fahrrad.de:** Seite vom Fahrradspezialisten und Autor Gunnar Fehlau

Transport

- **www.bahn.de:** Bei mir meistens pünktlich, das Bike passte auch rein ...
- **www.natours.de:** Bike-&-Bus-Anbieter
- **www.rad-reise-service.de:** Infos rund ums Radreisen vom Experten Holger Koch
- **www.rueckenwind.de:** Anbieter von Gruppen- und Individual-Radreisen

Fahrräder & Co.

- **www. steppenwolf-bikes.com:** Born to be wild (or to ride)
- **www.bergamont.de:** Renn-, Trekking- und Reiseräder von guter Qualität
- **www.centurion.de:** dito
- **www.hercules-bikes.de:** Gute deutsche Wertarbeit
- **www.gudereit.de:** dito
- **www.kalkhoff-bikes.de:** dito
- **www.corratec.de:** Trekking- und Reiseräder, MTBs, Renner und Zubehör

NÜTZLICHE INTERNETSEITEN

Kartenmaterial

- **www.esterbauer.com:** Verlag der bikeline-Bücher und cycleline-Karten
- **www.fahrrad-buecher-karten.de:** BVA-Verlag, der u. a. die ADFC-Karten vertreibt
- **www.kompass.at:** Spezialist für Wander-, aber auch für Radwanderkarten

Download von GPS-Daten bzw. Routen

- **www.adfc-tourenportal.de** (kostenpflichtig)
- **www.gps-tracks.com**
- **www.tourfinder.net**
- **www.gpsies.com**
- **www.bikemap.net**
- **www.bike-gps.de**

Bekleidung

- **www.gorebikewear.de:** Rad-Klamotten, Zubehör vom Feinsten, aber sündhaft teuer
- **www.gonso.de:** Gute Radklamotten, mittlere Preiskategorie
- **www.buff.de:** Die Allzweckwaffe – Kopftuch, Halstuch, Sonnenschutz etc.
- **www.loeffler.at:** Bike-Bekleidung, funktional, aber modisch eher bieder
- **www.jack-wolfskin.de:** Die ganze Palette des Outdoor-Equipments
- **www.jeantex.de:** Preisgünstigere Radklamotten bei guter Qualität
- **www.deuter.com:** Outdoor- und Radbekleidung

Zubehör

- **www.paul-lange.de:** Deutschland-Vertrieb u. a. von Shimano, Selle, Michelin

NÜTZLICHE INTERNETSEITEN

- **www.sks-germany.de:** Die besten Steckschutzbleche, Pumpen, Tools etc.
- **www.grofa.com:** Deutschland-Vertrieb u. a. für Look, Winoura und Diadora
- **www.abus.de:** Schlösser aller Art
- **www.trelock.de:** Spezialist für Schlösser und Zubehör
- **www.ortlieb.de:** Der Mercedes unter den Packtaschen
- **www.vaude.com:** Hochwertige Fahrrad- und Outdoor-Produkte
- **www.agusport.de:** Radsport-Zubehör aus den fahrradfreundlichen Niederlanden
- **www.sigmasport.com:** Radcomputer, Schlösser, Pumpen usw.
- **www.vdocyclecomputer.com:** Radcomputer von günstig bis Hightech
- **www.ciclosport.de:** Computer und Herzfrequenzmesser
- **www.bumm.de:** Busch & Müller, Top-Beleuchtung und Radzubehör
- **www.nabendynamo.de:** Homepage der Firma Schmidt Maschinenbau (SON-Produkte)
- **www.cateye.com:** Und es ward Licht am Rad
- **www.cycleparts.de:** Radcomputer von gut bis spitzenmäßig
- **www.zefal.com:** Spezialist für Pumpen aller Art
- **www.uvex-sports.de:** Brillen und Helme von preisgünstig bis hochwertig
- **www.alpina-eyewear.de:** Produzieren „eyeware"; Radbrillen und Helme
- **www.cratoni.com:** Helme, die in den meisten Tests gut abschneiden
- **www.garmin.de:** Vertrieb von GPS-Produkten
- **www.magellangps.com:** Satellitennavigation am Bike
- **www.eissing-outdoor.com:** Deutschland-Vertrieb der Magellan-Produkte

NÜTZLICHE INTERNETSEITEN

- **www.zweipluszwei.com:** Europa-Vertrieb von Chariot-Produkten
- **www.rohloff.de:** Die legendäre Speedhub, Ketten und mehr

Reifen

- **www.schwalbe.de:** Reifen, unter anderem der Klassiker „Marathon"
- **www.conti-fahrradreifen.de:** Gute Reifen, große Auswahl
- **www.michelin.com:** Der Reifenspezialist mit dem Männchen

Essen und Trinken

- **www.sigg.ch:** Marktführer bei Trinkflaschen
- **www.basica.de:** Hält fit und schmeckt
- **www.powerbar.de:** Energieriegel für unterwegs

Radsport

- **www.letour.fr:** Die offizielle Homepage der Tour de France
- **www.rad-net.de:** offizielle Hompage des Bundes Deutscher Radfahrer
- **www.Tour-Magazin.de:** Europas größtes Rennradmagazin

Verbände

- **www.adfc.de:** Die deutsche Lobby der Radler
- **www.ecf.com:** Europäischer Radfahrer-Verband
- **www.veloland.ch:** Schweizerischer Radfahrer-Verband
- **www.argus.or.at:** Die Rad-Lobby in Österreich
- **www.radclub.de:** Ist mit dem BVA-Verlag in Bielefeld verbandelt

Literaturtipps

Fahrradtechnik

- **www.smolik.de:** Der Radschrauber-Papst
- **www.zedler.de:** Dirk Zedler, Ingenieur und Technik-Autor der TOUR
- **www.kh-krieger.de:** Technik-Freak, der seine Erfahrungen ins Netz gestellt hat

Fahrrad-Messen

- **www.eurobike-exhibition.de:** Eurobike Friedrichshafen, immer im Spätsommer
- **www.ifma-cologne.de:** Internationale Fahrradmesse
- **www.fahrrad-markt-zukunft.de:** Fahrradmesse in Bremen, Leipzig und Karlsruhe
- **www.itb-berlin.de:** Internationale Touristikmesse

Literaturtipps

- Felix Göpel, **Mit dem Fahrrad zur WM – Von Kreuzberg nach Korea 2002;** Covadonga Verlag Bielefeld. Gut zu lesender und amüsanter Bericht über eine Radreise von zwei deutschen Studenten, die im Sommer 2001 in Berlin aufs Rad stiegen und rund 11.000 Kilometer weiter ihr Ziel, die Fußball-WM 2002 in Asien, erreichten.
- Gunnar Fehlau, **1000 Tipps für Radreisen;** Delius Klasing Verlag, Edition Moby Dick: Gunnar Fehlau ist ein Radsport-Verrückter, der seine Tipps gerne weiter gibt. Der Autor bietet Basiswissen rund um die Radreise, verrät aber auch die geheimsten Kniffe und Tricks.
- Christian Smolik, Stefan Etzel, **Das neue Fahrrad-Reparaturbuch;** BVA Bielefelder Verlag: Der Ratgeber von „Technik-Papst" Christian Smolik, den

LITERATURTIPPS

er gemeinsam mit Stefan Etzel verfasst hat, ist ein idealer Pannenhelfer. Besonders anschaulich durch die vielen passenden Abbildungen und die übersichtlichen Schritt-für-Schritt-Anleitungen, die auch der Laie verstehen sollte.

- Herbert Lindenberg, **Fahrrad Europaführer;** REISE-KNOW-HOW Verlag: Mit diesem Buch lassen sich Radtouren hervorragend planen und durchführen. Für jedes europäische Land gibt es praxisnahe Informationen: Reisezeit und Wetter – Info-Quellen – Karten und Papiere – Anreise – Übernachten u. v. m. Sonderkapitel, wie z. B. tourenpraktische Hinweise für den Alpenraum, stimmungsvolle Geschichten um das Radreisen, zahlreiche Karten und Fotos lockern das umfangreiche Werk auf.
- Roland Girtler, **Vom Fahrrad aus;** Verlag Lit: Der „vagabundierende Kulturwissenschafter" Roland Girtler ist ein Philosoph des Alltags, ein genauer Beobachter von Landschaft, Grenzen und Menschen. Die Mühen und Schönheiten des Radfahrens verbindet das „Enfant terrible" der österreichischen Soziologie mit allerlei hintersinnigen und amüsanten Betrachtungen.
- Janosch, **Der kleine Tiger braucht ein Fahrrad;** Diogenes: Ideales Buch, um die Kleinen auf die Radreise einzustimmen. Oder für die Reise, um gemeinsam drin zu blättern. Der Tiger will auf dem Rad in die Ferne, um fremde Völker und Sitten zu erforschen. Gemeinsam mit dem kleinen Bär lernt er die echte, wahre, große Radfahrkunst.
- Helmut Hermann, **Fahrrad-Weltführer;** REISE-KNOW-HOW Verlag: Das „Flaggschiff" der „Rad & Bike"-Reihe. Standardwerk für alle, die mit dem Rad um die Welt reisen wollen. Bietet eine umfassende, optimale Tour-Vorbereitung, gegliedert nach Kontinenten und Ländern.

Mit REISE KNOW-HOW ans Ziel

Die Landkarten des world mapping project bieten gute Orientierung – weltweit.

- Moderne Kartengrafik mit Höhenlinien, Höhenangaben und farbigen Höhenschichten
- GPS-Tauglichkeit durch eingezeichnete Längen- und Breitengrade und ab Maßstab 1:300.000 zusätzlich durch UTM-Markierungen
- Einheitlich klassifiziertes Straßennetz mit Entfernungsangaben
- Wichtige Sehenswürdigkeiten, herausragende Orientierungspunkte und Badestrände werden durch einprägsame Symbole dargestellt.
- Der ausführliche Ortsindex ermöglicht das schnelle Finden des Ziels, abgestimmt auf die REISE KNOW-HOW-Führer.
- World mapping Project Karten sind auf Polyart® gedruckt, superreiß- und wasserfest und beschreibbar wie Papier.

Derzeit über 150 Titel lieferbar (siehe unter www.reise-know-how.de), z. B.:

Korsika	1:135.000
Toscana	1:200.000
Mallorca	1:80.000

world mapping project
REISE KNOW-HOW Verlag, Bielefeld

Praxis-Ratgeber
kompakt & kompetent

Wer seine Freizeit aktiv verbringt und moderne Abenteuer sucht, braucht spezielles Wissen, das in keiner Schule gelehrt wird. REISE KNOW-HOW beantwortet die vielen Fragen rund um Freizeit, Urlaub und Reisen in der Ratgeberreihe „Praxis".

Rainer Höh
GPS Outdoor-Navigation

Wolfram Schwieder
Richtig Kartenlesen

Rainer Höh
Wildnis-Küche

Günter Schenk
Europas schönste Feste erleben

Friederike Vogel
Sonne, Wind und Reisewetter

Volker Heinrich
Handy global – mit dem Handy im Ausland

Wolfram Schwieder
Richtig Kartenlesen

Volker Heinrich
Reisefotografie digital

Frank Littek
Fliegen ohne Angst

Jeder Titel:
144-160 Seiten, robuste Bindung,
Taschenformat 10,5 x 17 cm,
Register und Griffmarken
Weitere Titel unter
www.reise-know-how.de

REISE KNOW-HOW Verlag, Bielefeld

Die Reiseführer auf einen Blick

Reisehandbücher
Urlaubshandbücher
Reisesachbücher
Edition RKH, Praxis

Algarve, Lissabon
Amrum
Amsterdam
Andalusien
Apulien
Auvergne,
 Cévennen

Barcelona
Berlin, exotisch
Berlin, Potsdam
Borkum
Bretagne
Budapest

City-Trips mit Billig-
 fliegern, noch mehr
Cornwall
Costa Blanca
Costa Brava
Costa de la Luz
Costa del Sol
Costa Dorada
Côte d'Azur,
 Seealpen,
 Hochprovence

Dalmatien Nord
Dalmatien Süd
Dänemarks
 Nordseeküste
Disneyland
 Resort Paris
Dresden

Eifel
Elba
El Hierro
Elsass, Vogesen
EM 2008 Fußballstädte
England, der Süden
Erste Hilfe unterwegs

Estland
Europa BikeBuch

Fahrrad-Weltführer
Fehmarn
Föhr
Formentera
Friaul, Venetien
Fuerteventura

Gardasee, Trentino
Georgien
Golf von Neapel,
 Kampanien
Gomera
Gotland
Gran Canaria
Großbritannien

Hamburg
Helgoland
Hollands Nordseeinseln
Hollands Westküste

Ibiza, Formentera
Irland
Island, Faröer
Istanbul
Istrien

Juist

Kalabrien, Basilikata
Katalonien
Köln
Kopenhagen
Korfu, Ionische Inseln
Korsika
Krakau, Tschenstochow
Kreta
Krim, Lemberg, Kiew
Kroatien

Landgang an der Ostsee
Langeoog
La Palma
Lanzarote
Latium mit Rom
Leipzig
Ligurien,
 Cinque Terre
Litauen
London

Madeira
Madrid
Mallorca
Mallorca,
 Leben/Arbeiten
Mallorca, Wandern
Malta, Gozo, Comino
Mecklenb./Brandenb.:
 Wasserwandern
Menorca
Montenegro
Moskau
Motorradreisen
München

Norderney
Nordseeinseln, Dt.
Nordseeküste
 Niedersachsens
Nordseeküste
 Schleswig-Holstein
Nordspanien,
 Jakobsweg
Nordzypern
Normandie
Norwegen

Ostseeküste
 Mecklenburg-Vorp.
Ostseeküste
 Kreuzfahrthäfen

REISE KNOW-HOW

Europa

Ostseeküste
  Schleswig-Holstein
Outdoor-Praxis

Paris
Piemont, Aostatal
Polen Ostseeküste
Polens Norden
Polens Süden
Provence
Provence, Templer
Pyrenäen

Rhodos
Rom
Rügen, Hiddensee
Ruhrgebiet
Rumänien, Rep. Moldau

Sächsische Schweiz
Salzburg, Salzkammergut
Sardinien
Schottland
Schwarzwald, südl.
Schweden, Astrid Lindgrens
Schweiz, Liechtenstein
Sizilien, Liparische Inseln
Skandinavien, der Norden
Slowakei
Slowenien, Triest
Spaniens Mittelmeerküste
Spiekeroog
Stockholm, Mälarsee
St. Petersburg
St. Tropez und Umgebung
Südnorwegen
Südwestfrankreich
Sylt

Teneriffa
Tessin, Lago Maggiore
Thüringer Wald

Toscana
Tschechien
Türkei, Hotelführer
Türkei, Mittelmeerküste

Ukraine, der Westen
Umbrien
Usedom

Venedig

Wales
Wangerooge
Warschau
Wien

Zypern, der Norden
Zypern, der Süden

Wohnmobil-Tourguides

Dänemark
Kroatien
Provence
Sardinien
Sizilien
Südnorwegen
Südschweden

Edition RKH

Durchgedreht –
  Sieben Jahre im Sattel
Eine Finca auf Mallorca
Geschichten aus dem
  anderen Mallorca
Mallorca für Leib u. Seele
Rad ab!

Praxis

Aktiv Algarve
Aktiv Andalusien
Aktiv Dalmatien
Aktiv frz. Atlantikküste
Aktiv Gardasee
Aktiv Gran Canaria
Aktiv Istrien
Aktiv Katalonien
Aktiv Polen
Aktiv Slowenien
All inclusive?
Bordbuch Südeuropa
Canyoning
Clever buchen,
  besser fliegen
Clever kuren
Clever reisen Wohnmobil
Drogen in Reiseländern
Expeditionsmobil
Feste Europas
Fiestas Spanien
Fliegen ohne Angst
Frau allein unterwegs
Fun u. Sport im Schnee
Geolog. Erscheinungen
Gesundheitsurlaub
  in Dtl. Heilthermen
GPS f. Auto, Motorrad
GPS Outdoor-Navigation
Handy global
Höhlen erkunden
Hund, Verreisen mit
Inline Skating
Inline-Skaten Bodensee
Internet für die Reise
Islam erleben
Kanu-Handbuch
Kartenlesen
Kommunikation unterw.
Kreuzfahrt-Handbuch

Praxis, KulturSchock

Europa

Küstensegeln
Langzeitreisen
Marathon-Guide Deutschland
Mountainbiking
Mushing/ Hundeschlitten
Orientierung mit Kompass und GPS
Paragliding-Handbuch
Pferdetrekking
Radreisen
Reisefotografie
Reisefotografie digital
Reisekochbuch
Reiserecht
Respektvoll reisen
Schutz vor Gewalt und Kriminalität
Schwanger reisen
Selbstdiagnose unterwegs
Sicherheit in Bärengebieten
Sicherheit Meer
Sonne, Wind, Reisewetter
Spaniens Fiestas
Sprachen lernen
Survival-Handbuch Naturkatastrophen
Tauchen Kaltwasser
Tauchen Warmwasser
Transsib
Trekking-Handbuch
Unterkunft/Mietwagen
Volunteering
Vulkane besteigen
Wandern im Watt
Wann wohin reisen?
Wein-Reiseführer Deutschland
Wein-Reiseführer Italien
Wein-Reiseführer Toskana
Wildnis-Ausrüstung
Wildnis-Backpacking
Wildnis-Küche
Winterwandern
Wohnmobil-Ausrüstung
Wohnmobil-Reisen
Wohnwagen Handbuch
Wracktauchen
Zahnersatz, Reiseziel

KulturSchock

Familienmanagement im Ausland
Finnland
Frankreich
Irland/Nordirland
Italien
Leben in fremden Kulturen
Polen
Rumänien
Russland
Schweiz
Spanien
Türkei
Ukraine
Ungarn

Wo man unsere Reiseliteratur bekommt:
Jede Buchhandlung Deutschlands, der Schweiz, Österreichs und der Benelux-Staaten kann unsere Bücher beziehen. Wer sie dort nicht findet, kann alle Bücher über unsere **Internet-Shops** bestellen. Auf den Homepages gibt es auch **Informationen** zu allen Titeln:

www.reise-know-how.de
www.reisebuch.de

Register

A

Abfahrten 105
Abrollumfang 78
ADFC-Dachgeber 57
Aerober Bereich 43
Alien 28
Anaerober Bereich 43
Anforderungen 16
Anhänger 65, 123
Anreise 46
Anti-Fog-Gläser 74
Antrieb 18
Anzugsmomente 26
Armlinge 68
Ausland 48
Ausrüstung 62
Ausstattung 16

B

Bahn 46
Bar-Ends 22
Bauernhöfe 58
Beinlinge 68
Bekleidung 66
Bereifung 19
Bergfahren 103
Bett & Bike 56
Bike & Fly 52
Bikekoffer 53
Bike und Rail 46
Bodensee-Königssee-
 Radweg 129
Bremse 115

Brillen 73
Bus 53

C

Camping 58
Camping-Küche 85
Campingausrüstung 81
Caramba 25
Check 24
Cleats 70
Cycletrainer 42

D

Dachgeber 57
Dachträger 50
Digitale Karten 40
Drehgriffschalter 19
Drenthe 137
Dynamo 23

E

Elbe-Radweg 130
Elsass 132
Ersatzschlauch 29
Ersatzteile 28
Erste Hilfe 117
Essen 96

F

Fahrbahn 101
Fahrkarten 48
Fahrrad-Messen 147
Fahrradabteile 47
Fahrradmitnahme im Ausland 48

REGISTER

Fahrradschlösser 76
Fahrradtechnik 147
Fahrradtransport 46
Fahrverhalten 101
Felgenbremsen 19
Fernzüge 47
Fitness 41
Flaschenhalter 75
Flickzeug 29
Flugzeug 52
Funktionsunterwäsche 69

G

Gänge 19
Gepäckträger 63
Gesundheits-Check 42
Getränke 98
Gore-Tex-Pflege 70
Gore-Tex-Produkte 68
GPS 40, 78
GPS-Routen 80, 144
Grundlagenausdauer 43
Gruppe, Fahren in 107

H

Handschuhe 72
Handy 120
Harz 134
Heckträger 51
Heimtraining 42
Helme 74
Herz-Kreislauf-Probleme 117
Herzfrequenz 43
Hiddensee 135
Hosen 67
Hotels 118

I

Inspektion 24
Internettipps 143
Isomatten 84

J

Jacken 67
Jugendherbergen 55

K

Kalorienverbrauch 98
Karten 36, 39
Karten, digitale 40
Kauf 15
Kette 115
Kettenschaltung 18
Kinder 121
Kleidung 66
Klickpedale 70
Knielinge 68
Knieprobleme 120
Knochenbrüche 117
Komponenten 18
Kondition 41
Kopfbedeckung 72
Kopfverletzungen 117
Kosten; Fahrradmitnahme 47
Küche 85
Kupplungsträger 51
Kurven 104, 106

L

Landkarten 20, 149
Laufräder 22

REGISTER

Lenker 22
Lenkertaschen 64
Lexikon 142
Lichtanlage 14
Liebliches Taubertal 131
Literaturtipps 147
Lowrider 14, 63

M

Maulschlüssel 28
Medizin 87
Mountainbike 15
Multitools 28

N

Nabendynamo 23
Nabenschaltung 19
Nachtzüge 48
Nahrung 96
Notfallnummern 120

P, Q

Packliste 89, 91
Packtaschen 62
Pannenhilfe 109
Pensionen 54
Pflege 27
Pkw 49
Plattfuß 109
Platzwunden 120
Pockettools 28
Puls 43
Pumpengummi 113
Putzen 27
Quartiere 35

R

Radbrillen 73
Radcomputer 77
Radfernwege 128
Radhosen 67
Radjacken 67
Radschuhe 70
Radtrikots 67
Radwanderkarten 37
Radwanderregionen 132
Radwege 101
Rahmen 16
Regen 108
Regenbekleidung 69
Regionalkarten 38
Regionalzüge 47
Reifen 21
Reifendruck 22
Reifenheber 29
Reiseapotheke 87
Reiseführer 35
Reisegepäck 62
Reiseräder 14
Reisezeit 36
Reiseziele 128
Rennrad 15
Rennsteig-Radfernweg 131
Routenplanung 65
Rückenprobleme 120
Rucksack 65
Rügen 135

S

Sattel 17
Satteltaschen 65
Schaltung 18

REGISTER

Schaltwerk 113
Scheibenbremsen 20
Scheinwerfer 23
Schlafmatten 83
Schlafsack 76
Schlösser 18
Schnittwunden 120
Schürfwunden 119
Seitenläufer-Dynamo 23
Sicherheit 100
Sicherheitswimpel 125
Sitzposition 18
Speichen 116
Ständer 14

T

Tagesticket, Zug 47
Tape 29
Taubertal 131
Training 41
Transport 46
Trekkingrad 15
Trikots 67
Trinken 98
Trinkflaschen 75
Trinkrucksäcke 76
Tücher 72

U

Übernachtung 54
Überschuhe 72

Übersetzung 18
Unfall 117
Unterkunft 54
Unterwäsche 69

V

V-Brake-Modelle 19
Ventile 21
Verbände 146
Verpflegung 96
Vollfederung 14
Vorbau 22

W

Wasser 99
WD-40 25
Werkzeug 28
Wetter 36
Wiegetritt 104
„Wild"-Zelten 58
Windchill-Faktor 69

Z

Zeitprobleme 35
Zelt 57, 81
Zubehör 73
Zug 46
Zweibein-Ständer 124

Bildnachweis

Bildnachweis

Die Kürzel an den Abbildungen stehen für folgende Personen, Einrichtungen und Firmen. Wir bedanken uns für ihre freundliche Abdruckgenehmigung.

- **adt**   Agence De Tourisme Bas-Rhin, Seiten 122, 132
- **alb**   Schwalbe, Seiten 13, 28, 112
- **bös**   Sigrun Bösemann, Seite 121
- **est**   Verlag Roland Esterbauer, Seite 128
- **gar**   Garmin, Seite 77
- **gf**   Gunnar Fehlau, Seite 7
- **gor**   Gore Bikewear, Seiten 67, 68, 69, 70, 72, 102
- **kw**   Klaus Werner, Seiten 130, 136
- **nat**   Natours, Seite 53
- **ort**   Ortlieb, Seiten 45, 59, 63
- **pau**   Paul Lange & Co., Seiten 70, 71, 74
- **pdf**   Pressedienst Fahrrad, Gunnar Fehlau, Seiten 22, 27, 29, 31, 42, 95, 99, 100, 123, 125
- **pie**   Joachim Piepenbrock, Seiten 15, 20, 34, 41, 66, 86, 98, 103, 106, 109, 110, 116
- **rei**   Wolfgang Reiche, Seiten 27, 30, 36, 102, 141
- **sch**   Frank Schmauder, Seiten 40, 82, 101, 105
- **shi**   Shimano, Paul Lange GmbH, Seiten
- **sig**   Sigma Sport, Seiten 23, 28, 113
- **thu**   Thule, Seiten 49, 51
- **tub**   Tubus, Seite 62
- **rti**   RTI-Sports, Seiten 65
- **vau**   Vaude, Seiten 61, 62, 64, 67, 68, 75, 76, 81, 83, 88, 129
- **zwe**   Zweipluszwei, Seiten 122, 124

Coverfoto: Alex Holtkamp
Alle weiteren Fotos: Sven Bremer (sb)

Der Autor

Sven Bremer hat früher mal „was Anständiges" gelernt, nämlich Tischler, ehe er seinen Job als Sportjournalist begann. Er arbeitete unter anderem als Redakteur bei einem Internet-Portal und in der Sportredaktion des Weser-Kurier in Bremen. Seit Mitte 2003 ist er wieder als freier Schreiber unterwegs. Unter anderem für die Sportredaktionen großer Tageszeitungen und Magazine. Für das Rennradmagazin TOUR schreibt er Reisereportagen, dazu kommt die Arbeit als Dozent, Texter und Autor. Im Oktober 2008 erschien im „Verlag Die Werkstatt" das mit Olaf Dorow gemeinsam verfasste Buch über die Geschichte des Fußballvereins Werder Bremen mit dem Titel „Grün-weißes Wunderland".

Von Haus aus ist der Mann Fußballer, doch die Liebe zum Radfahren schlummerte schon immer in ihm. Die ersten größeren Radreisen unternahm er im Alter von 16 Jahren. In Norwegens atemberaubender Fjord-Landschaft erfuhr der Autor, dass Radwandern im Sommer nicht immer nur eitel Sonnenschein bedeutet, als er sich durch meterhohe Schneewehen kämpfte. In der tunesischen Wüste musste er aufgrund des Hitzerekords von fast 50 Grad passen. Zudem, Schatten gab es weit und breit nicht.

Es sind reichlich Touren in Deutschland und Europa hinzugekommen im Laufe der Jahre. Weniger spektakuläre als der Trip durch die Wüste oder der durch den Schnee, aber nicht minder schöne und interessante.